SCIENCE COGNITIVE
ET
FORMATION

ROBERT BRIEN

SCIENCE COGNITIVE
ET
FORMATION

1990
Presses de l'Université du Québec
Case postale 250, Sillery, Québec   G1T 2R1

ISBN 2-7605-0611-8

*Tous droits de reproduction, de traduction
et d'adaptation réservés* © 1990
Presses de l'Université du Québec

Dépôt légal – 3e trimestre 1990
Bibliothèque nationale du Québec
Bibliothèque nationale du Canada
Imprimé au Canada

*L'ignorance est le manque total
de connaissance de soi.*

(Krishnamurti, *Aux étudiants*, 1970)

Table des matières ——————————————

Avant-propos et remerciements ─────────

Peu d'auteurs peuvent se prévaloir sans abus d'une pensée purement originale. La plupart, formés par des maîtres en leur discipline, ont enrichi leurs connaissances formelles d'expériences pratiques ou de communications interpersonnelles. Je ne fais pas exception à la règle. En ce qui me concerne, les bases de mon travail ont été fondées à partir des travaux de Robert M. Gagné (Center for Instructional Design, Florida State University); Donald A. Norman, David Rumelhart et Georges Mandler (Center for Human Information Processing, University of California à San Diego); Jean-François Richard, Guy Dehnière, Serge Baudet et Jean-Michel Hoc (Unité de recherche Psychologie cognitive du traitement de l'information symbolique, Université de Paris VIII); Jean-François Le Ny et Michel Denis (Centre d'études de psychologie cognitive, Université de Paris-Sud). L'enrichissement des concepts acquis s'est fait lors de stages, de conférences, de séminaires, en France ou aux États-Unis, grâce à l'apport de ces chercheurs.

Le présent ouvrage doit aussi beaucoup aux critiques constructives de collègues et amis qui en ont lu, en tout ou en partie, les premières versions. En particulier, je voudrais remercier Michel Denis et Jean-Michel Hoc, que j'ai déjà cités, Béatrice Galinon-Mélénec (Université de Bordeaux III), Renane Saumurçay (Université de Paris VIII), Raymond Paquin (Université du Québec à Trois-Rivières), Jacques Lapointe (Université Laval), Bernard Lachance (Université Laval), Philippe Marton (Université Laval), Paul Goulet (Université Laval),

Yves Poisson (Université Laval), Philippe Duchastel (Université Laval), Madeleine Perron (Université Laval), Marc Maurice (Association O.N.F.O.C., Haut-de-Seine), Maria Grazzia Quieti (F.A.O.), Danielle Marquis, Monique Aubin et Victoire Lévesque pour leur précieuse collaboration.

Il ne saurait être question d'oublier ceux qui, au quotidien, m'ont permis de tester l'aspect didactique de mes propos — les étudiants — sans lesquels cet ouvrage ne serait pas achevé. Je ne peux malheureusement pas les nommer tous ici, mais qu'il me soit permis de mentionner le nom de ceux qui ont assisté au premier cours de sciences cognitives que j'ai offert au printemps de 1988. Ces étudiants sont: Hélène Beaulieu, Marie Brousseau, Eveline Chiasson, Brent Craig, Denis Drouin, Abdelhak Essadiki, Pamela Fawcett, Antoinette Gounetenzi Mengue, Joseph Lamarre, Gloria Guadalupe Lizardi Meza, Jacques Malouin, Léonard Richard, Martin Robert. Parmi ceux-là, je voudrais plus particulièrement souligner la collaboration d'Hélène Beaulieu, de Martin Robert et de Nicole Lapointe.

Je voudrais aussi remercier tout spécialement Denyse Pépin, linguiste et étudiante à la maîtrise en technologie de l'enseignement, pour le travail d'édition qu'elle a réalisé durant les dernières phases de la préparation de ce texte. La lucidité de Denyse, son tact et sa générosité m'ont aidé à compléter, dans des circonstances difficiles, ce livre.

Enfin, je voudrais profiter de l'occasion pour remercier mon employeur, l'Université Laval, qui m'a fourni, à différents titres, les moyens d'acquérir les connaissances nécessaires à la réalisation de ce volume.

Dans les chapitres qui suivent, je propose au lecteur une interprétation personnelle de résultats de recherches effectuées dans les sciences cognitives depuis trois ou quatre décennies et je formule des hypothèses relatives à leur application à la formation. Je ne prétends pas offrir une synthèse des recherches effectuées jusqu'à ce jour, mais j'invite le lecteur, par les références qui sont fournies, à approfondir ce domaine prometteur du savoir humain. Certains des chapitres suivants sont des adaptations d'articles que j'ai écrits ou d'exposés que j'ai présentés lors de colloques. Il va sans dire que les idées et les hypothèses que j'avance dans le texte n'engagent que ma responsabilité et non celle de ceux qui m'ont aidé lors de la préparation de cet ouvrage.

Robert Brien
Université Laval
Août 1990

Chapitre 1

La science cognitive

On imagine généralement le progrès de la science comme une sorte de pur déplacement rationnel le long d'une droite ascendante; en fait, c'est une suite de zigzags presque plus surprenante, quelquefois, que l'évolution de la pensée politique.

(Koestler, *La quête de l'absolu*, 1981)

BREF HISTORIQUE

En 1979, des chercheurs de domaines du savoir tels que la psychologie cognitive, l'intelligence artificielle, la linguistique et la philosophie se réunirent à l'Université de la Californie à San Diego. L'objet de cette rencontre était de.consacrer l'existence d'une nouvelle science, la science cognitive, dont le but est de comprendre les comportements intelligents (voir Norman, 1981, pour un compte rendu de ce colloque)[1].

D'importants travaux avaient toutefois été réalisés dans les sciences cognitives[2] bien avant 1979 (voir Gardner, 1985, et Varela, 1989, pour un historique intéressant de la science cognitive). Passant outre les tabous de l'école béhavioriste, dont l'influence fut déterminante aux États-Unis à partir des années 1940, les chercheurs de la cognition se sont intéressés à l'étude des composantes physiques de la

---

1. Pour Herbert Simon, un des pionniers de la science cognitive, prix Nobel d'économie en 1978 pour ses travaux relatifs à la résolution de problème, la science cognitive regroupe des domaines tels que la psychologie cognitive, l'intelligence artificielle, la philosophie et la linguistique (Simon, 1981a). D'autres chercheurs suggèrent l'inclusion des neurosciences dans cet ensemble (voir « Débat d'orientation de l'Association pour la Recherche Cognitive » dans le bulletin de liaison *Intellectica*, 1984). C'est cette dernière position qui est adoptée dans le présent texte.

2. Les cogniticiens utilisent généralement les expressions « la science cognitive » ou « les sciences cognitives », selon qu'ils considèrent réalisée ou non l'intégration des sciences mentionnées précédemment. Nous utiliserons indistinctement ces deux expressions dans le texte.

mémoire humaine et à la façon dont les informations sont emmagasinées, représentées et utilisées par le cerveau humain. Selon Herbert
Simon, un des participants au colloque de San Diego, il faut remonter
en 1956 pour assister à la naissance véritable de la science cognitive
(Simon, 1981a). En effet, c'est pendant cette année-là que Miller publia
ses travaux sur les propriétés de la mémoire à court terme (Miller,
1956), que Chomsky présenta ses analyses relatives aux propriétés des
grammaires transformationnelles (Chomsky, 1956) et que Bruner,
Goodnow et Austin (1956) firent part de leur réflexion sur les stratégies
cognitives utilisées par l'être humain dans l'acquisition de concepts.
C'est aussi pendant cette même année que Newell et Simon proposèrent
un programme informatique, le *logic theorist*, qui imitait les processus
utilisés par l'être humain dans la résolution de problèmes (Newell et
Simon, 1956). Depuis cette année remarquable, l'intérêt pour la science
cognitive n'a cessé de croître: des sociétés ont été fondées, plusieurs
ouvrages et articles ont été publiés et de nombreux cours et programmes d'études sont maintenant offerts dans les universités.

BUT ET PRÉMISSES DE L'OUVRAGE ⸻

Malgré les progrès de la recherche réalisés dans les sciences cognitives,
les applications à la formation demeurent limitées. Cette restriction
est probablement attribuable à la nature abstraite des descriptions que
les chercheurs en cognition font de leurs modèles et à leur tendance,
tout à fait légitime, à n'étudier qu'un aspect à la fois d'un phénomène
donné. Il faut aussi admettre que le développement d'une science et
son application sont deux tâches distinctes et que, finalement, c'est
peut-être au psychopédagogue ou au technologue de l'enseignement
qu'incombe la tâche d'appliquer les principes des sciences cognitives à
la conception d'activités de formation (Gagné, 1980).

C'est en vue d'une telle application que ce livre a vu le jour. En
partant de l'idée que, pour agir efficacement sur un système, il faut
connaître ce système, nous décrirons, dans leurs grandes lignes, les
composantes cognitives et affectives du système humain de traitement
de l'information. À partir de cette description, nous formulerons des
suggestions susceptibles de guider le concepteur et l'animateur d'activités de formation dans l'accomplissement de leur tâche[3]. Un autre

---

3. Cet ouvrage se situe dans la perspective de la technologie éducative (voir Stolovitch
   et Larocque, 1983; Scholer, 1983; Lachance, Lapointe et Marton, 1979; Brien, 1989).
   En technologie éducative, on différencie les tâches relatives à la conception des activités de formation de celles relatives à l'animation de telles activités.

objectif, non moins important, de cet ouvrage est d'inciter le lecteur, par les références qui sont proposées, à approfondir ce domaine d'avenir du savoir humain.

L'ouvrage repose sur un certain nombre de prémisses ou d'hypothèses de travail. La première, à laquelle nous avons fait allusion dans les lignes précédentes, souligne le fait que, pour accomplir adéquatement leur tâche, le concepteur d'activités de formation et le formateur doivent disposer d'un modèle mental le plus juste possible de celui à qui est destinée la formation: ils doivent savoir comment un être humain emmagasine, se représente et utilise l'information (voir Anderson, 1986, concernant l'importance de disposer de modèles mentaux, et aussi Johnson-Laird, 1983 et Gentner et Stevens, 1983). Ce modèle doit aussi fournir des informations sur le rôle de l'affectivité dans le traitement de l'information. Pour se convaincre de la pertinence d'un tel modèle, il suffit d'établir un parallèle avec la médecine et se demander ce qui adviendrait si, au cours d'une opération à cœur ouvert, le chirurgien se voyait momentanément privé du modèle mental qu'il a du fonctionnement du cœur humain.

Pour Herbert Simon, le système de traitement de l'information d'un organisme adaptatif joue le rôle d'un thermostat. Constamment, un être humain compare la réalité à ses attentes. Lorsqu'elle s'avère inférieure à celles-là, il ébauche des plans dont la concrétisation est susceptible de changer la réalité dans le sens de ses attentes. Cette façon de voir constitue le fondement sur lequel s'élabore notre modèle de l'apprenant et sert de deuxième prémisse au livre. La pensée de Simon est bien résumée dans l'énoncé suivant:

> Étant donné une situation désirée et une situation existante, la tâche d'un organisme adaptatif est d'évaluer l'écart qui existe entre ces deux situations et de rechercher un processus qui permette de combler cet écart. (Simon, 1981b, p. 223; traduction de l'auteur)

Une autre prémisse est suggérée dans l'ouvrage *Toward a Theory of Instruction* du psychologue Jerome Bruner (1967). Selon cet autre pionnier de la science cognitive, si l'on veut qu'une théorie de l'enseignement soit utile, elle doit être prescriptive et non pas uniquement descriptive. Autrement dit, la théorie ne doit pas seulement décrire les processus mentaux qui entrent en jeu durant l'apprentissage, mais elle doit suggérer ou prescrire des façons d'activer ces processus pour qu'il y ait apprentissage. Loin de dicter une théorie de l'enseignement — notre but est plus modeste — ce livre propose au concepteur et à l'animateur d'activités de formation des suggestions susceptibles de les guider dans l'accomplissement de leur tâche. La science cognitive n'étant pas, à ce stade-ci, constituée en théorie, nous ne pouvons en déduire des principes certains pour l'enseignement et sommes réduit à ne formuler que des suggestions. Toutefois, lorsqu'elle est conduite dans le contexte de la technologie éducative, la démarche de la conception et de la présentation d'activités de formation est expérimentale: des activités de formation sont conçues, mises à l'essai auprès de clientèles restreintes et corrigées au besoin. Une telle démarche assure, jusqu'à un certain point, la légitimité de notre approche. Les suggestions que nous formulons ont trait à la formulation des objectifs pédagogiques, à la structuration du contenu des activités de formation, au choix de méthodes d'enseignement appropriées et à la motivation de l'étudiant.

Une quatrième prémisse est suggérée dans les travaux de Ramizowsky (1980) qui déplore la croyance, malheureusement trop répandue, que la conception et la présentation d'activités de formation consistent en la simple application de formules bien établies. Bien que l'utilisation de techniques appropriées puissent guider le concepteur et le formateur dans la conception et la présentation d'activités de formation, il faut admettre que la mise en œuvre de ces activités repose en grande partie sur leur créativité et leur capacité à résoudre des problèmes. Pour nous, concevoir ou dispenser une activité de formation consiste à poser un ensemble d'actes pédagogiques qui permettent à l'apprenant de passer d'un état de savoirs, de savoir-faire et de savoir-être X à un état Y plus approprié. Une telle démarche, comme nous le constaterons dans les pages qui suivent, relève de la résolution de problèmes.

STRUCTURE DU LIVRE

Si, comme le suggère Simon, la tâche d'un organisme adaptatif est de comparer la situation existante à ses attentes et de rechercher un processus qui puisse combler l'écart, il est pertinent d'admettre que, lorsque cet organisme est un être humain, il doit disposer de fonctions qui lui permettront, à tout le moins:

    a) de se représenter des situations existantes et des situations désirées;

    b) d'accomplir des tâches susceptibles de combler l'écart entre de telles situations;

c) d'acquérir les compétences nécessaires à l'accomplissement de telles tâches;

d) d'être motivé pour accomplir de telles tâches.

Les chapitres subséquents traitent de ces fonctions et sensiblement dans l'ordre que nous venons de suggérer.

Après avoir situé, dans le premier chapitre, le cadre de notre étude, nous examinerons, dans le deuxième, le problème de la représentation des connaissances en mémoire humaine. Nous y décrirons le rôle de structures mnémoniques, appelées « schémas », utilisées pour l'emmagasinage, la représentation et l'utilisation des connaissances. Cette réflexion sur la façon de se représenter les connaissances nous mènera, en fin de chapitre, à la formulation de suggestions quant à la structuration du contenu d'activités de formation.

Le chapitre 3 constitue une analyse du processus de planification et d'exécution de l'action qui suit généralement la perception d'un écart entre une situation existante et une situation désirée. Nous traiterons alors des processus cognitifs nécessaires à l'accomplissement d'une tâche complexe par l'être humain et proposerons un modèle hiérarchique de l'accomplissement de cette tâche basé principalement sur la théorie de Luria (1973, 1980).

Cette analyse de l'accomplissement d'une tâche aboutira, dans le chapitre 4, à une réflexion sur la notion de compétence humaine. Une compétence est définie comme un ensemble de procédures et de sous-procédures activées lors de l'accomplissement d'une tâche donnée. Nous terminerons ce chapitre par une classification des compétences humaines et proposerons une façon de formuler les objectifs pédagogiques qui tienne compte de l'activité mentale à la base de la performance.

Lorsqu'un individu ne dispose pas de la compétence nécessaire pour accomplir adéquatement une tâche, il s'engage généralement dans des activités dites d'apprentissage. Le traitement de l'information qu'il effectue alors vise à transformer sa structure cognitive existante, cause de son incompétence, en une structure cognitive plus adaptée[4]. Nous nous interrogerons, dans le chapitre 5, sur la façon dont s'acquièrent les compétences humaines en insistant plus particulièrement sur les processus activés lors du montage et du rodage d'une compétence.

---

4. La stucture cognitive est l'ensemble des connaissances qu'un individu possède à un moment donné.

Alors que, dans les premiers chapitres, l'accent porte sur l'aspect cognitif du système humain de traitement de l'information, le chapitre 6 souligne le rôle moteur joué par l'affectivité dans l'apprentissage. En se référant aux théories de Maslow (1970), de Mandler (1984), de Bower (1975) et de Lindsay et Norman (1977), nous ajouterons une composante affective au paradigme suggéré par Simon dans notre deuxième prémisse. Nous y décrirons alors le rôle des besoins de l'individu, de ses attentes, de ses émotions, de ses attitudes, de ses valeurs et de sa motivation dans l'apprentissage.

Finalement, dans le chapitre 7, nous suggérerons une application simple des concepts proposés tout au long de l'ouvrage.

Le diagramme de la figure 1 illustre la répartition des divers thèmes abordés dans les chapitres qui suivent.

Figure 1: *STRUCTURE DU LIVRE*

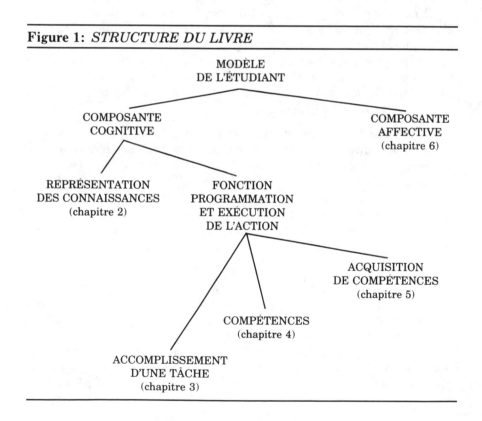

Chapitre 2

La représentation
des connaissances

Si j'ai une image de ce que vous êtes et que vous en avez une de ce
que je suis, il est évident que nous ne nous voyons pas tels que nous
sommes.
(Krishnamurti, *Se libérer du connu*, 1969)

INTRODUCTION

Selon Herbert Simon, pour qu'un organisme demeure en équilibre avec son milieu, il doit continuellement comparer la situation existante à la situation désirée et combler l'écart, s'il y a lieu, entre les deux situations. Dans ce cas, il convient d'admettre que, pour que les deux situations puissent être comparées, elles doivent d'abord être représentées, d'une façon ou d'une autre, par l'organisme qui en effectue la comparaison. Nous nous intéresserons d'abord, dans ce chapitre, à la façon dont l'information peut être représentée en mémoire humaine au moyen d'unités cognitives[1] appelées schémas[2]. Par la suite, nous examinerons différents types de connaissances exploitées par le système humain de traitement de l'information lors de l'accomplissement d'une tâche complexe. En nous inspirant de cette réflexion, nous formulerons

---

1. L'expression « unité cognitive » est utilisée par Anderson (1983). Elle réfère ici à des connaissances telles que des concepts, des propositions, des schémas, dont nous traiterons dans les pages suivantes.

2. Suivant le travail à effectuer, les chercheurs en intelligence artificielle utilisent divers moyens pour représenter les connaissances. On peut noter, entre autres, l'emploi de réseaux sémantiques, de la logique formelle, de règles de production et l'utilisation de schémas (Anderson, 1984; Bonnet, 1984; Farreny, 1985; Harmon et King, 1985; Le Ny, 1979, 1989). Pour des raisons pédagogiques, nous nous intéressons plus particulièrement, dans cet ouvrage, à l'utilisation des schémas comme outil pour la représentation.

enfin des suggestions pouvant aider le concepteur et le formateur à structurer le contenu d'activités de formation.

FONDEMENTS THÉORIQUES ⎯⎯⎯⎯⎯⎯⎯⎯⎯⎯⎯⎯

Concept de schéma[3]

Les théories relatives à la représentation de la réalité par l'être humain ont considérablement évolué depuis le modèle de mémoire quasi photographique suggéré par Platon. Des modèles dits « constructifs » ont vu le jour, selon lesquels les stimuli externes ne sont pas « copiés » en mémoire, mais ils sont interprétés en fonction des connaissances que possède déjà l'individu. C'est sur ce fait que se fondent plusieurs chercheurs en cognition pour élaborer leur modèle de représentation des connaissances. Nous nous intéressons ici plus particulièrement à l'utilisation des schémas comme outils pour la représentation des connaissances. Quelques faits simples nous permettent d'introduire ce concept.

Il vous est sans doute déjà arrivé, un jour ou l'autre, de stationner votre voiture sur le terrain d'un grand centre commercial et d'être dans l'impossibilité de la retrouver après avoir fait vos achats. Cet oubli peut s'expliquer par le fait que vous ayez omis, lors du stationnement, de formuler des propositions relatives aux particularités de l'endroit où vous avez stationné votre voiture (ex.: « Ma voiture est en face de l'enseigne néon », « Ma voiture est près du deuxième lampadaire », etc.). En d'autres mots, vous avez omis, lors du stationnement, d'activer vos procédures d'encodage[4] et, comme il n'y a pas eu encodage, il ne peut y avoir repérage d'information au moment désiré. Mais à quoi peut ressembler ce processus d'encodage d'information pertinente et, plus spécifiquement, quelles sont les structures mnésiques susceptibles d'être utilisées lors de l'encodage? Pour simplifier, nous pouvons postuler qu'un être humain a en mémoire un vaste répertoire de propositions générales du type « x est **en–face–de** y », « x est **près–de** y », etc. Lorsque nous encodons, nous activons ces propositions générales et

---

3. Voir aussi Brien (1983).
4. Selon Tulving, l'encodage « c'est le processus qui transforme un événement ou un fait en une trace mnésique » (Fortin et Rousseau, 1989).

affectons certaines valeurs aux variables qu'elles contiennent pour ainsi fabriquer des propositions particulières du type: « Ma voiture est **en–face–de** l'enseigne néon », « Ma voiture est **près–du** deuxième lampadaire ». Ces propositions ou structures de connaissances génériques, qui nous permettent de fabriquer des propositions particulières, portent le nom de schémas. Les cogniticiens réservent généralement le terme schéma à des unités cognitives plus considérables. Toutefois, dans le présent texte, à la manière de Rumelhart et d'Ortony (1977), nous considérons un schéma comme désignant toute unité cognitive composée de relations et de variables. Pour ces auteurs, des schémas existent pour qu'on puisse se représenter des connaissances relatives aux objets, aux situations, aux événements, aux séquences d'événements, aux actions et aux séquences d'actions. Cette perspective est aussi celle adoptée par Ausubel (1968). Pour d'autres perspectives intéressantes relatives à l'utilisation des schémas, le lecteur est invité à consulter l'ouvrage de Le Ny (1989). Voici un autre exemple de schéma.

Imaginez que je vous dise que j'ai pris le petit déjeuner chez McDonald's ce matin. Comment se fait-il que, sans être à cet endroit lorsque j'y étais, vous puissiez me poser des questions comme celles-ci: « Est-ce que la file d'attente était longue? » ou encore « Est-ce que l'on vous a servi gentiment? » Une telle situation est relativement simple à expliquer dans le cadre de la théorie des schémas. Parce vous êtes allé un certain nombre de fois dans ce genre de restaurant, vous possédez, vous aussi, votre schéma d'un « Repas au McDonald's »[5]. Ce schéma est constitué d'un ensemble ordonné de propositions générales du type: « x fait la file », « y sert x », « z prépare les mets » etc.[6]. Lorsque je vous dis que j'ai pris un repas chez McDonald's, vous activez votre propre schéma (vous le lisez intérieurement) et c'est ce qui vous permet de comprendre ce que je vous dis et de poser des questions pertinentes.

Plusieurs expériences intéressantes ont été réalisées pour démontrer la puissance des schémas comme outils pour la représentation des connaissances (voir Anderson, 1984). Certaines de ces expériences sont relativement simples à reproduire. Par exemple, on distribue à un

---

5. Les schémas s'acquièrent généralement par induction. Après s'être retrouvé dans la même situation ou avoir accompli une action un certain nombre de fois, on arrive à induire un schéma.

6. Il est important de noter que votre schéma d'un repas chez McDonald's n'est pas nécessairement analogue en tous points au mien. C'est à ce phénomène auquel on fait référence lorsqu'on dit que les êtres humains emmagasinent l'information de façon idiosyncrasique. Mais nos schémas ont suffisamment d'éléments communs pour que nous puissions nous comprendre.

premier groupe de sujets le texte qui apparaît ci-dessous et à un autre groupe on remet le même texte en ayant soin d'en changer le titre (le nouveau titre est « Voyage interplanétaire vers une planète habitée »).

En suivant un défilé du 40ᵉ étage

Quelle vue saisissante! De la fenêtre, on pouvait voir la foule en bas. À une telle distance, tout paraissait minuscule, mais on pouvait quand même distinguer les costumes de couleur éclatante. Chacun semblait avancer dans l'ordre, en suivant la même direction. Il y avait, apparamment, de jeunes enfants, aussi bien que des adultes. (Lindsay et Norman, 1977)

On demande alors aux sujets des deux groupes de lire ces textes en silence. Après lecture, on propose à tous les sujets de résumer les textes qu'ils ont lus. Il est toujours intéressant de noter qu'ayant lu des textes identiques (sauf le titre), les sujets des deux groupes donnent des versions différentes de ce qu'ils ont lu: ceux du premier groupe décrivent une parade et les autres décrivent un voyage interplanétaire. Nous pouvons expliquer ce phénomène en supposant que, lorsque les sujets lisent le titre, ils activent un ou des schémas relatifs à une parade ou à un voyage interplanétaire selon qu'ils appartiennent à l'un ou l'autre des groupes.

Autopsie d'un schéma

Le concept de schéma peut être expliqué au moyen de celui de relation, concept tiré de la logique moderne dont les travaux les plus significatifs remontent à Boole et à De Morgan (voir Cofi, 1972). En logique, une relation exprime un lien entre deux ou plusieurs variables. On dira, par exemple, que la proposition « a est plus–grand–que b » (où « a » et « b » sont des variables et « plus–grand–que », une relation) exprime un lien entre les variables « a » et « b ». En attribuant diverses valeurs aux variables d'une relation de ce type, on pourra composer une infinité de propositions particulières comme « 10 est plus–grand–que 5 » ou encore « 100 est plus–grand–que 99 ». Or de telles relations ne se limitent pas qu'aux nombres. Considérons, par exemple, deux personnes « a » et « b » (où « a » représente la mère et « b » son enfant). Dans ce cas, le sujet qui possède déjà en mémoire la relation mère–enfant pourra dire que « Thérèse est la mère–de Marie » et que « Suzanne est la mère–de Jean ». Il est ainsi possible d'affirmer qu'ayant acquis une telle relation, la personne peut se représenter ou comprendre une portion de la réalité.

On peut aussi recourir à cette notion de relation pour se représenter des phénomènes qui comptent plus de deux variables. Ainsi, un fait tel que: « Pierre donne la balle à Jean » pourra être stocké en mémoire par l'intermédiaire d'un schéma du type « acteur donne objet receveur ». Ce schéma permet ainsi la formation de propositions particulières telles « Pierre donne la balle à Jean ». Les chercheurs en science cognitive ont saisi très tôt la puissance de ce concept de relation; certains même en ont fait la base de leur système de représentation des connaissances. Norman et Rumelhart (1975) ont élaboré un modèle qui rend possible la représentation, le stockage et le rappel de divers types de connaissances au moyen de schémas.

Un schéma peut être symbolisé par la notation générale suivante: $R(V_1, V_2..., V_n)$ où $V_1, V_2..., V_n$ représentent des variables ou arguments et R exprime le type de relation qui existe entre les variables ou arguments. Ainsi, on peut symboliser le schéma mentionné précédemment de la façon suivante: « donne (acteur, objet, receveur) », qui se lit de la façon suivante: « acteur donne objet à receveur ». Une fois ce schéma particularisé, on aurait la proposition « donne (Pierre, balle, Jean) ». Soulignons que l'on peut assigner aux variables d'un schéma non seulement des valeurs particulières, mais des valeurs « générales », comme on le fait en algèbre lorsque l'on remplace une variable par une expression algébrique contenant elle-même des variables. Par exemple, on peut remplacer les variables du schéma hypothétique: « donne (acteur, objet, receveur) » par « donne (riches, argent, pauvres) » ce qui, on doit l'avouer, est un schéma ou une proposition générale discutable...

Rôle des schémas dans la vie de tous les jours

Les schémas peuvent être vus comme *des structures de connaissances génériques qui permettent à l'humain de se représenter la réalité et d'agir sur elle*. Lorsqu'il s'agit de se représenter des objets ou des événements, on dit que l'individu utilise des schémas déclaratifs. Par contre, si la tâche à accomplir nécessite l'exécution d'opérations physiques ou intellectuelles, on dit que l'individu utilise des schémas procéduraux. Dans les lignes qui suivent, une attention particulière est portée au rôle que jouent les schémas dans la compréhension et lors du rappel des informations. Par la suite, nous examinons divers types de connaissances rencontrées fréquemment dans la communication pédagogique, en explicitant les schémas qui peuvent servir à se représenter ces connaissances. Une telle réflexion permet de formuler des suggestions susceptibles d'aider le concepteur et l'enseignant dans leur travail de structuration du contenu d'activités de formation.

Schémas et compréhension de la réalité

Dans un article fort intéressant, Rumelhart présente les schémas comme « the building blocks of cognition » (Rumelhart,1980). Selon ce chercheur, un schéma tel que « donne (acteur, objet, receveur) » permet la compréhension de tous les événements du type « Pierre donne la balle à Jean », « Marie donne la pomme à Paul », c'est-à-dire des événements ayant la même structure. En présence d'un événement particulier, l'action est d'abord détectée par l'observateur et sert à repérer un schéma déjà présent en mémoire qui devient utilisable pour la représentation du fait observé[7]. Si la recherche s'avère fructueuse, les valeurs « Paul, balle et Jean » sont alors assignées aux variables du schéma et, dans le cas d'une adéquation entre le schéma rappelé et le fait observé, il y a compréhension du fait. Nous pouvons supposer que, lorsque des concepts particuliers sont assignés aux variables d'un schéma, il en résulte une image mentale. Le lecteur intéressé à une telle réflexion peut consulter les travaux de Denis (1989).

Schémas et rappel de l'information

Les schémas déjà présents en mémoire agissent aussi comme médiateurs pour le rappel d'événements passés. Ainsi donc, si une personne se trouve face à un fait relié à un événement passé, le schéma ayant servi à l'encodage de cet événement est rappelé et utilisé pour la reconstitution de l'événement. S'il advient, au cours du processus de rappel, que des valeurs ne soient pas assignées à certaines variables du schéma, le système compense en attribuant des « valeurs par défaut » (Rumelhart et Ortony, 1977). Par exemple, si l'on se reporte au schéma du déjeuner au restaurant, mon interlocuteur pourrait en déduire que la file était longue, même si je ne l'informe pas explicitement que ma visite a été faite un jour particulier de la semaine (le samedi ou le dimanche, par exemple). Ce phénomène de l'utilisation de schémas pour le rappel d'événements passés illustre bien le caractère « reconstructif » de la mémoire humaine.

---

7. Voir Hoc (1987) pour des explications plus détaillées quant à la façon dont un schéma peut être activé et Baudet (1990) pour des informations complémentaires et des réserves quant à l'utilité des schémas dans la compréhension et le rappel de l'information.

DES CONNAISSANCES DIVERSES ⎯⎯⎯⎯⎯⎯⎯⎯⎯⎯

Une des tâches principales de celui qui conçoit ou qui présente des activités de formation consiste à structurer le contenu de leçons, de cours ou de programmes de formation[8]. Il faudra, dans ce contexte, tenir compte du rôle assimilateur que jouent les schémas si nous voulons faciliter l'apprentissage. Il y a, bien entendu, d'autres principes à respecter lors de la conception d'activités de formation, mais celui de la recherche de schémas assimilateurs appropriés est fondamental (voir Ausubel, 1968). Avant d'examiner divers types de connaissances que le concepteur ou l'animateur d'activités de formation ont le plus souvent à véhiculer, distinguons brièvement les notions d'information venant du milieu, des schémas et des connaissances.

Lorsqu'un individu interagit avec son environnement, il reçoit de l'information en vrac de cet environnement. Il assimile alors cette information à ses propres schémas et, de ce processus d'assimilation, naissent des connaissances personnelles de l'individu relatives à cet environnement. Dans le processus de l'acquisition de connaissances, l'information venant de l'environnement sert d'intrant, les schémas de l'individu sont les structures utilisées pour encoder cette information et il en résulte, comme extrant, des connaissances. Dès lors, on comprend que deux observateurs baignant dans le même environnement puissent acquérir des connaissances différentes s'ils utilisent des schémas receveurs différents. Le texte de Krishnamurti placé en exergue de ce chapitre illustre bien ce phénomène (Denyse Pépin, communication personnelle, juin 1989).

Si structurer le contenu d'activités de formation consiste à déterminer un ordre de présentation des connaissances à véhiculer, le classement de ces dernières en grandes catégories peut être pertinent. C'est à cette tâche que se sont appliqués des auteurs de taxonomies tels Bloom (1969), Gagné (1984) et D'Hainault (1980). Loin de prétendre à l'exhaustivité, nous suggérons ci-dessous certains types de connaissances les plus souvent véhiculées dans la communication pédagogique. Ce faisant, nous suggérons la structure de schémas pouvant aider à

---

8. Définissons, pour le moment, le contenu d'activités de formation comme un ensemble de connaissances à faire acquérir. Structurer le contenu d'activités de formation, que celles-ci soient véhiculées par le texte, la parole ou l'image, consiste alors à organiser les connaissances à présenter de façon à en faciliter l'assimilation.

l'assimilation de telles connaissances et proposons des moyens susceptibles de guider le concepteur dans la structuration du contenu d'activités de formation.

Concepts

Il a été mentionné précédemment qu'un schéma exprime une relation
entre des variables. Il a aussi été dit qu'un schéma se transforme en
une proposition particulière (ou générale) lorsque certaines valeurs
sont assignées à ses variables. Les concepts sont les valeurs, générales
ou particulières, attribuées aux variables d'un schéma propositionnel
pour former une nouvelle proposition. Ainsi, dans l'énoncé « Pierre
donne une pomme à Marie », « Pierre », « pomme » et « Marie » sont des
concepts, particuliers dans ce cas, qui ont été assignés aux variables
d'un schéma du type « donne (agent, objet, receveur) » pour en faire
une proposition particulière. De la même façon, des concepts généraux
comme « riches », « argent » et « pauvres » auraient pu être attribués
au même schéma pour former une proposition générale du genre « les
riches donnent leur argent aux pauvres », comme on l'a vu dans les
pages précédentes. On se rend donc compte que la notion de concept
a une acception bien particulière dans le modèle de Norman et de
Rumelhart. Les concepts sont, à leur avis, des unités cognitives utilisées pour se représenter des objets particuliers ou des actions (Pierre,
une action particulière exécutée par celui-ci, une balle particulière) ou
encore des classes d'objets ou d'actions (riches, argent, pauvres et l'action générale de donner).

Pour ces chercheurs, la représentation d'un nouveau concept suppose que l'apprenant possède déjà des informations de trois types:
1) la classe à laquelle appartient l'objet ou l'action à représenter, 2) la
ou les caractéristiques différenciatrices de cet objet ou de cette action,
3) un exemple ou plus de cet objet ou de cette action (Lindsay et Norman, 1977). Ainsi, la représentation du concept de « rectangle »[9], par
exemple, se ferait au moyen d'un concept de classe (« quadrilatère »
pourrait être utilisé ici), de concepts de caractéristiques (« angles
droits » et « côtés parallèles ») et d'exemples de rectangles.

Si tel est le cas, il faut convenir que l'acquisition d'un nouveau
concept par l'apprenant sera facilitée: a) si on a soin d'aider l'apprenant

---

9. Pour simplifier, définissons le rectangle comme « un quadrilatère dont les angles sont
   droits et les côtés parallèles deux à deux ».

à rattacher le concept à apprendre à un concept plus général *déjà connu* (on fait en sorte que l'apprenant rattache le concept de rectangle à celui de quadrilatère); b) si l'apprenant *possède déjà* les concepts des caractéristiques particulières du nouveau concept (angles droits, côtés parallèles); c) si l'on fournit à l'apprenant des exemples du nouveau concept. En d'autres mots, l'acquisition d'un nouveau concept sera facilitée si l'apprenant possède déjà un schéma ayant la forme ci-dessous et si l'on a soin d'assigner aux variables d'un tel schéma des valeurs appropriées.

est-un (x, y)
et
possède (x, c_1, c_2, c_3..., c_n).

(où **x** est le concept à définir; **y** est la classe; c_1, c_2, c_3..., c_n sont des caractéristiques; **est–un, et, possède** sont des relations).

Nous pouvons donc synthétiser la réflexion des lignes précédentes en formulant la suggestion suivante relative à l'enseignement de concepts:

Pour faciliter l'encodage d'un nouveau concept il faut: a) vérifier si l'apprenant dispose d'un schéma nécessaire à l'encodage de concepts[10]; b) s'assurer que l'apprenant possède, au préalable, un concept plus général (classe à laquelle appartient le nouveau concept) et les caractéristiques du nouveau concept; c) fournir à l'apprenant des exemples du nouveau concept.

Propositions

Dans la compréhension de la réalité, les concepts sont rarement utilisés de façon isolée. La plupart du temps, ils constituent des valeurs attri-buées aux variables d'un schéma qui permettra, lui, la représentation d'une partie de la réalité au moyen d'une proposition.

Comme nous l'avons vu précédemment, un schéma du type pro-positionnel contient une relation et un certain nombre de variables, comme l'illustre la représentation ci-dessous:

donne (acteur, objet, receveur)

---

10. Un tel schéma est généralement acquis durant l'enfance.

Dans ce cadre de référence, une phrase donnée pourra référer à plusieurs schémas propositionnels[11]. Par exemple, en physique, la loi d'attraction universelle ou loi de Newton, qui s'énonce comme suit: « Deux points matériels quelconques exercent l'un sur l'autre une force d'attraction dirigée suivant la droite qui les joint, proportionnelle à leurs masses et inversement proportionnelle au carré de la distance qui les sépare », fait allusion à au moins deux schémas-clés: celui de « relation proportionnelle » et celui de « relation inversement proportionnelle » que l'étudiant devrait d'abord posséder afin de comprendre la loi en question. Il faudra donc, lors de la structuration du contenu d'activités de formation, identifier, dans la mesure du possible, les schémas-clés avant de procéder à la structuration du contenu.

Pour que l'apprenant en arrive à comprendre ou à se représenter une nouvelle proposition, il faudra qu'il possède un schéma receveur approprié et les concepts susceptibles d'être affectés aux variables de ce schéma. Nous pouvons donc formuler la suggestion suivante relative à l'acquisition de propositions:

> *Pour faciliter l'encodage d'une nouvelle proposition il faut: a) s'assurer que l'apprenant possède, au préalable, les concepts qui figurent dans la proposition; b) activer un schéma receveur approprié.*

Ainsi, dans l'exemple cité plus haut, si l'on désire faire comprendre à l'apprenant la loi de Newton, il devra posséder au préalable, entre autres les schémas de « relation proportionnelle » et de « relation inversement proportionnelle ». Il devra aussi posséder les concepts de force d'attraction et de masse.

Avant de poursuivre notre étude d'autres types de connaissances, nous devons insister sur le rôle fondamental des propositions dans la représentation des connaissances. Les propositions, le lecteur le comprendra dans la suite du texte, constituent la matière première de toutes les connaissances que l'on acquiert (Anderson, 1981; Le Ny,

---

11. L'occasion se prête bien ici pour souligner la différence fondamentale que les linguistes font entre *surface structure* et *deep structure*: dans le premier cas, on fait référence aux mots et à la syntaxe utilisés pour véhiculer le discours; dans l'autre, on fait référence aux idées auxquelles réfèrent les mots. Les schémas, les concepts, les propositions et les diverses unités cognitives auxquelles nous ferons allusion dans les pages suivantes font donc partie de ce qu'on appelle la *deep structure*. Lors de la structuration du contenu d'activités de formation, il faut s'intéresser non pas aux phrases elles-mêmes, mais à leurs référents. Dans un cours, il pourra n'y avoir que quelques concepts-clés et quelques propositions-clés auxquels se rattacheront tous les autres éléments du contenu du cours. Ce sont ces concepts-clés et ces propositions-clés qui doivent attirer l'attention du concepteur et de l'animateur d'activités de formation.

1989). Nous pouvons comparer le rôle joué par les propositions dans la constitution des autres connaissances à celui des atomes dans la constitution des diverses molécules qui composent la matière.

Épisodes

Les propositions, comme les concepts, ne permettent qu'une saisie fragmentaire de la réalité. Ces connaissances sont habituellement regroupées en ensembles pour former des épisodes qui, eux, contribuent à la représentation d'ensembles d'événements interreliés[12]. Ainsi, la description verbale que je fais d'un repas au restaurant, ou encore d'un voyage en avion, est susceptible d'entraîner chez l'interlocuteur, s'il possède les schémas récepteurs appropriés, la formation d'épisodes. Ces épisodes sont constitués de propositions, lesquelles sont constituées de concepts. Pour comprendre la description que je fais d'un voyage en avion, le schéma assimilateur pourra avoir la forme suivante:

> réserve (individu, billet)
> et
> se-rend (individu, aéroport)
> et
> enregistre (individu, bagages)
> et
> obtient (individu, carte d'embarquement)
> et
> passe (individu, barrière de sécurité)
> etc.

L'analyse de ce schéma nous renseigne sur les composantes nécessaires à la compréhension d'un épisode. D'abord, la compréhension de l'épisode sera facilitée si l'apprenant possède un schéma assimilateur approprié[13]. De plus, pour que l'épisode soit compris, il faut que des propositions soient construites et, pour que cette construction se fasse, il faut que les schémas appropriés fassent partie du répertoire de l'apprenant. Il faut aussi que les concepts assignés aux schémas soient

---

12. Nous considérons les principes, les lois, les processus comme appartenant à la catégorie des épisodes.

13. La plupart du temps, dans l'enseignement, on utilise l'analogie ou la métaphore pour activer un schéma assimilateur approprié. Ainsi, pour faire comprendre le cycle de l'eau dans la nature, on l'assimile au processus de l'évaporation de l'eau dans une bouilloire suivie de la formation de gouttelettes au plafond. Voir la réflexion intéressante de Gentner et Gentner (1983) de même que celle de Gineste (1986), relatives à l'utilisation de l'analogie dans l'enseignement.

dans le répertoire de l'apprenant. Nous pouvons donc résumer la réflexion des lignes précédentes en formulant la proposition suivante:

> *Pour faciliter l'encodage d'un épisode il faut: a) s'assurer que l'apprenant possède les concepts et les propositions qui figurent dans l'épisode; b) activer un schéma récepteur approprié.*

Règles de production

Mais un organisme adaptatif ne fait pas que se représenter des objets ou des événements. La plupart du temps, il doit agir sur la réalité de façon à combler l'écart entre une situation existante et ses attentes. Pour effectuer ces transformations, le système de traitement de l'information utilise des connaissances du type procédural, dont les règles de production simples. Celles-ci ont la forme de couples du type: « si telle condition est remplie » alors « poser telle action » ou « exécuter telle opération » que nous pouvons représenter symboliquement de la façon suivante:

si condition x

alors action y

Dans le contexte qui nous intéresse, les règles de production peuvent être comprises de la façon suivante: « Si je désire transformer une situation initiale S_i en une situation S_{i+1}, alors je dois utiliser l'opération y ». Dans la plupart des cas, les règles de production (R)[14] sont constituées de plusieurs conditions, comme dans l'exemple d'un système expert[15] hypothétique proposé par Gallaire (1985):

R_1: Si   **faible fièvre**
               peau sèche
               ganglions
               pas de pustule
               pas de rhume
    Alors   **envisager la rubéole**

---

14. On peut considérer les règles de production comme des unités cognitives utilisées pour transformer un état donné en un autre état ou associer à un état donné un autre état.

15. Un système expert est un système de traitement de l'information informatisé qui imite la démarche de l'être humain dans la résolution de problèmes. Les systèmes experts sont l'objet de recherches intensives en intelligence artificielle. Ces systèmes sont utilisés dans différents domaines du savoir comme la géologie, l'éducation, la médecine. En médecine, on utilise des systèmes experts pour aider le médecin dans le diagnostic des maladies. En fournissant au système un certain nombre de données relatives au patient, le système « déduit », au moyen des règles de production qu'il possède, la maladie. Voir Harmon (1985) et Farreny (1985) pour une bonne introduction aux systèmes experts.

R_2: Si   boutons isolés
                 forte démangeaison
                 faible fièvre
                 pustules ou vésicules
                 croûte apparaissant vite
        Alors   envisager fortement la varicelle

R_3: Si   rhume
                 mal aux yeux
                 boutons ou taches
                 forte fièvre
        Alors   envisager la rougeole

R_4: Si   amygdales rouges
                 desquamation
                 forte fièvre
                 taches rouge vif
        Alors   envisager la rougeole

À l'analyse, on se rend compte que la ou les conditions d'une règle de production se composent de propositions qui, elles-mêmes, contiennent des concepts. Les règles de production comportent aussi, dans la partie action, des opérations à exécuter. Si nous voulons enseigner une telle règle, idéalement l'apprenant devra comprendre les propositions qui la constituent (ce qui suppose qu'il possède les schémas et les concepts appropriés) et pouvoir exécuter les opérations pertinentes. Nous constatons donc, ici encore, l'importance de la maîtrise des préalables chez l'apprenant. Une telle réflexion nous amène à formuler la suggestion suivante:

> *Pour faciliter l'encodage d'une règle de production il faut:*
> *a) s'assurer que l'apprenant possède les concepts, les propositions et les opérations qui figurent dans la règle de production;*
> *b) activer un schéma récepteur approprié.*

Procédures

Souvent, dans l'accomplissement d'une tâche, ce sont des ensembles de règles de production que le système de traitement de l'information utilise. On donne le nom de procédures ou d'algorithmes à ces ensembles de règles de production. Là encore, la possession de schémas récepteurs appropriés facilitera l'apprentissage. Pour enseigner la procédure servant à la résolution des équations linéaires, on peut comparer l'équation à une balance en équilibre et les règles de transformation appropriées aux actions permises pour garder la balance en équilibre (ajouts de la même quantité dans les deux plateaux, retranchement de la même quantité, etc.). Dans la plupart des cas, les procédures sont constituées de sous-procédures comme l'illustre le diagramme de la figure 2.

Figure 2: *DÉCOMPOSITION D'UNE PROCÉDURE EN SES SOUS-PROCÉDURES*

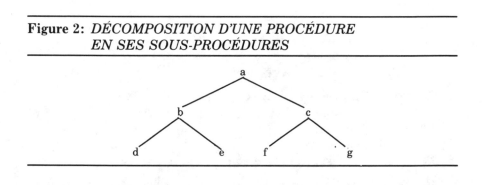

Pour qu'une procédure (a) puisse être exécutée, il faut que les procédures (b) et (c) le soient et, pour que ces dernières le soient, il faut que les procédures (d) et (e), (f) et (g) le soient. L'exécution de procédures complexes, comme le calcul de la variance en statistiques, suppose l'exécution de sous-procédures telles que le calcul de la moyenne. Le calcul de la moyenne suppose à son tour la présence de sous-procédures telles que l'addition et la division de nombres. C'est notamment l'absence de tels préalables qui est la cause de tant d'échecs en mathématiques.

Heuristiques

Si l'on peut considérer le programme conçu par le programmeur en informatique comme une procédure, qu'en est-il des connaissances qui l'ont guidé dans sa recherche d'une séquence adéquate des opérations de ce programme? On réserve généralement le nom d'heuristiques aux règles de production qui guident la démarche de celui qui recherche la solution d'un problème. Les heuristiques sont des règles utilisées pour gérer l'information; c'est pourquoi on les considère comme étant d'un niveau supérieur. Ces règles de production sont utilisées lors de l'élaboration de procédures ou, en général, dans la recherche de la solution de problèmes[16]. Par exemple, dans le système expert hypothétique suggéré par Gallaire, auquel nous avons fait allusion dans les pages précédentes, pour que le système puisse sélectionner les règles de production appropriées, il faudra des métarègles (MR) ou des heuristiques comme ci-dessous:

MR$_1$ **S'il y a des éruptions ou des rougeurs**
      Alors envisager R$_1$, R$_2$, R$_3$, R$_4$.

MR$_2$ **Si le patient est une femme adulte**
      et si R$_1$, R$_2$, R$_3$, R$_4$ sont envisagées,
      R$_1$ est prioritaire.

Comme on peut le constater en comparant ces règles de production (du type heuristique) à celles citées précédemment dans le texte, les heuristiques agissent sur des règles de production simples alors que ces dernières agissent directement sur des représentations d'objets ou de faits. Dans ce contexte, il est possible d'appliquer la suggestion formulée précédemment pour l'encodage de règles de production à l'enseignement d'heuristiques. Mais l'on comprendra que, dans ce cas, l'enseignement suppose d'abord la maîtrise d'une quantité considérable d'autres unités cognitives tels des concepts, des propositions, des épisodes, des règles de production, puisque des heuristiques seront acquises lors de la manipulation répétée de ces dernières entités.

Blocs de connaissances

Jusqu'à présent, il n'a été question que de l'acquisition d'unités cognitives relativement restreintes, de « granules de connaissances » selon les termes de Farreny (1985). Les contenus de formation nécessitent toutefois l'acquisition de quantités considérables de connaissances. Il est donc nécessaire d'accorder une attention particulière à l'organisation de ces connaissances en mémoire si celles-ci doivent être rappelées et transférées en temps opportun. La plupart des recherches

---

16. Simon (1974, p. 118) situe bien ce qu'on entend par heuristique: « [...] le raisonnement humain, l'aptitude à la résolution de problèmes, de la plus maladroite à la plus perspicace ne met rien d'autre en œuvre que des mélanges variés d'essais et d'échecs ou de sélectivité. La sélectivité découle elle-même de diverses règles empiriques, ou heuristiques, qui suggèrent les itinéraires à essayer d'abord et ceux qui peuvent être prometteurs. » Voir aussi les travaux de Richard (1990) et de Hoc (1987) sur la résolution de problèmes de même que ceux d'Anderson (1985) pour un survol intéressant de stratégies de résolution de problèmes.

actuelles démontrent que, peu importe le moment de la structuration, l'information se comprend mieux et se retient plus facilement, et ce, qu'elle ait été structurée par le concepteur, avant la présentation de l'information, ou par l'apprenant, au moment même de l'apprentissage (Ausubel, 1968).

Normalement, la capacité limitée de la mémoire à court terme[17] ne porte pas atteinte à l'acquisition de connaissances relativement restreintes. Habituellement, cette capacité est suffisante si, comme le suggère Anderson (1981), la compréhension d'un événement n'exige qu'une comparaison de l'événement observé avec un schéma déjà présent en mémoire à court terme. Toutefois, les choses se compliquent lorsque le contenu à enseigner requiert l'acquisition de blocs de connaissances, comme c'est généralement le cas pour les matières scolaires. Il est très probable, dans ces cas, que les limites de la mémoire à court terme seront un obstacle à l'acquisition et au rappel de l'information. Ce problème peut toutefois être évité si l'on se soucie de l'organisation des blocs de connaissances avant de les communiquer.

Ainsi, comme l'ont proposé les auteurs Reigeluth, Merrill, Wilson et Spiller (1980), divers types de macro-structures ou macro-schémas peuvent faciliter l'acquisition de grands ensembles de connaissances (voir également à ce sujet Berlyne, 1965 et Ausubel, 1968). À titre d'exemple, on pourrait structurer un cours de mécanique automobile de façon à présenter d'abord les différents mécanismes d'une automobile puis à expliquer en détail chacune des pièces reliées aux mécanismes. On dira, dans ce cas, qu'on utilise une structure du type « taxonomie de parties ». En d'autres circonstances, le contenu pourrait être organisé grâce à une structure du type « taxonomie d'espèces », comme la classification des animaux en catégories et sous-catégories. Dans ce contexte, l'acquisition d'une grande quantité de connaissances sera facilitée par la présence en mémoire de macro-schémas. Nous pouvons donc formuler la suggestion suivante:

Pour faciliter l'encodage de grands ensembles de connaissances, il faut activer les macro-schémas appropriés.

---

17. Bien que nous n'insistions pas, dans ce texte, sur les concepts de mémoire à long terme et de mémoire à court terme, il est possible de les définir brièvement ici. La mémoire à long terme est l'ensemble des unités cognitives qu'un individu possède. La mémoire à court terme, ou mémoire de travail, est considérée comme l'endroit où sont exécutées les opérations mentales et où sont conservés temporairement les résultats de l'exécution de ces opérations.

Savoirs et savoir-faire

Ce bref survol de divers types de connaissances met en relief un problème intéressant soulevé par les cogniticiens, à savoir si les connaissances utilisées par l'être humain dans son traitement de l'information sont déclaratives ou procédurales. Dans le contexte des sciences cognitives, on dit généralement que les connaissances déclaratives sont utilisées pour la représentation des objets et des faits, alors que les connaissances procédurales sont utilisées pour la représentation des opérations à exécuter sur les objets ou à partir des faits. Dans un contexte de formation, nous dirons que les connaissances déclaratives sont les savoirs de l'individu alors que les connaissances procédurales sont les savoir-faire. (Voir aussi la distinction apportée entre connaissances déclaratives et connaissances procédurales par Richard, 1990, Hoc, 1987, et George, 1988.)

Pour illustrer ce problème, inspirons-nous de la réflexion de Daniel Berlyne (1965) pour qui raisonner consiste à transformer une situation donnée S_i (représentée intérieurement par une *situational thought*) au moyen d'opérateurs O_i (représentés intérieurement par des *transformational thoughts*), de façon à changer S_i en S_{i+1}. De cette façon, Berlyne en arrive à proposer le concept de *chains of thoughts* (S_i–O_i–S_{i-1}–O_{i+1} etc.) que l'on peut considérer comme la trace d'un raisonnement.

Dans un tel cadre de référence, on peut considérer que les *situational thoughts* sont des connaissances déclaratives qui permettent à la personne de se représenter des objets et des faits et que les *transformational thoughts* sont des connaissances procédurales qui lui permettent d'agir sur ces objets et sur ces faits. Ainsi, les concepts, les propositions et les épisodes dont nous avons traité précédemment peuvent être considérés comme des connaissances déclaratives qui composent les *situational thoughts* et les règles de production, les procédures et les heuristiques comme des connaissances procédurales ou des *transformational thoughts*.

Mais cette façon de voir ne nous renseigne pas tout à fait sur la nature déclarative ou procédurale de nos connaissances, car il faut admettre qu'il est possible de se représenter des *transformational thoughts* au moyen de connaissances déclaratives. C'est du moins ce que démontre le fait qu'un individu peut décrire des règles de production, des procédures et des heuristiques sans pouvoir les appliquer (à ce sujet, voir Hoc, 1987, p. 29). De ces quelques réflexions, une hypothèse acceptable semble émerger. Certaines de nos connaissances seraient déclaratives et d'autres procédurales, conformément à la tâche à accomplir. Ainsi, lorsqu'il s'agit de décrire des objets, des événements, des procédures etc., on peut imaginer que l'on utilise des connaissances déclaratives pour se représenter le contenu à communiquer. De plus, lorsqu'il est question d'agir sur la réalité, on utilise des connaissances déclaratives pour se représenter les différentes situations et des connaissances procédurales pour transformer ces situations. Mais, dans tous les cas, il importe de souligner que nos connaissances, soit déclaratives soit procédurales, sont conservées en mémoire à long terme sous forme propositionnelle. Ce n'est qu'une fois ces connaissances procédurales activées que les opérations qui s'y rattachent sont activées.

Pour résumer, nous pouvons considérer la structure cognitive d'un individu comme constituée de deux ensembles de connaissances: un ensemble qui comprend ses connaissances déclaratives (ses savoirs, ensemble A dans la figure 3) et un ensemble qui comprend ses connaissances procédurales « exécutables » (ses savoir-faire, ensemble B dans la figure). Mais, comme l'illustre le diagramme de la figure 3, la distinction n'est pas aussi nette entre connaissances déclaratives et connaissances procédurales: de fait, il y a intersection entre les ensembles A et B.

Figure 3: *CONNAISSANCES DÉCLARATIVES, DUELLES ET PROCÉDURALES*

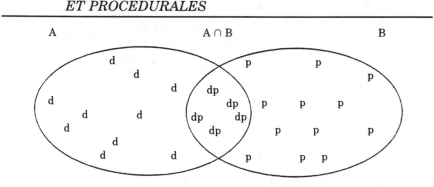

Cette intersection souligne le fait qu'un individu peut posséder des connaissances à la fois déclaratives et procédurales. George (1983) les appelle très pertinemment des connaissances duelles. C'est ce à quoi l'on s'attend de l'enseignant qui doit pouvoir expliquer les procédures d'un domaine donné et qui doit aussi pouvoir les exécuter. De plus, le lecteur aura noté que, dans le texte, nous avons eu soin de spécifier que l'ensemble B est constitué de « procédures exécutables ». Cette précision souligne le fait qu'un individu peut arriver à exécuter des procédures sans pour autant pouvoir les décrire, comme il peut être en mesure de décrire des procédures sans pouvoir les exécuter.

Le diagramme de la figure 3 fait aussi allusion au phénomène de la plasticité de nos connaissances. Selon certains cogniticiens (notamment Anderson, 1983), la connaissance relative à une procédure s'acquiert d'abord sous forme déclarative, se transforme ensuite en une connaissance duelle, pour finalement devenir une connaissance procédurale exécutable. Ce phénomène se rencontre régulièrement dans l'enseignement de certaines matières comme la physique, la chimie, la biologie ou la grammaire, où l'on propose d'abord à l'étudiant la théorie pour l'amener ensuite peu à peu à la pratique. À ce sujet, nous devons noter que ce ne sont pas toutes les connaissances déclaratives de l'individu qui seront transformées en connaissances procédurales. Les définitions, les lois, les principes de la discipline demeureront sous forme déclarative, même s'ils sont à l'origine de l'élaboration de procédures. On a trop souvent tendance, lorsque l'on conçoit des activités de formation, à ne privilégier que l'apprentissage de procédures en laissant pour compte les connaissances dont ces procédures sont issues. Malheureusement, tôt ou tard, l'apprenant se retrouve devant une situation nouvelle dont il ne pourra trouver la solution que par un retour aux concepts de base de la discipline.

RÉSUMÉ

Afin de demeurer en équilibre avec son milieu, un être humain compare continuellement la réalité à ses attentes. Pour qu'il puisse accomplir des tâches lui permettant de combler l'écart qui existe entre la réalité et ses attentes, il doit être en mesure de comparer cette réalité à ses attentes. Pour effectuer cette comparaison, il doit se représenter, d'une façon ou d'une autre, cette réalité et ses attentes. Il existe plusieurs moyens de se représenter des connaissances. Dans ce chapitre, nous nous sommes intéressé plus particulièrement aux schémas.

Les schémas sont des structures mnémoniques génériques que l'individu abstrait par l'observation répétée d'objets ou d'événements, ou par l'exécution répétée d'actions. On peut aussi les considérer comme des structures de connaissances génériques qui permettent à l'humain de se représenter la réalité et d'agir sur elle. Ils sont constitués de relations ou d'opérations et de variables.

Lorsque des valeurs sont assignées aux variables d'un schéma, celui-là se transforme en connaissances générales ou particulières. Ainsi, les schémas donnent naissance à des unités cognitives telles que les concepts, les propositions, les épisodes, les règles de production, les procédures et les heuristiques.

Certaines règles doivent être respectées lors de l'enseignement de ces diverses unités cognitives. Idéalement, si l'on veut faciliter l'encodage d'une unité cognitive particulière, il faut activer un schéma récepteur approprié. Il faut aussi voir à ce que l'apprenant dispose des unités cognitives préalables à l'acquisition de celle que l'on désire faire acquérir.

Nous pouvons classer les connaissances en deux grandes catégories: les connaissances déclaratives (les savoirs de l'individu) et les connaissances procédurales (ses savoir-faire). Les connaissances déclaratives sont utilisées pour se représenter le réel et les connaissances procédurales pour agir sur lui.

Chapitre 3 ⎯⎯⎯⎯⎯⎯⎯⎯⎯⎯⎯⎯⎯⎯⎯⎯

Accomplissement d'une tâche complexe[1]

> Si l'on a déterminé d'avance les paroles que l'on doit prononcer, on n'éprouve par cela aucune hésitation. Si l'on a déterminé d'avance ses affaires, ses occupations dans le monde, par cela même elles s'accomplissent facilement.
>
> (Confucius)

---

1. Nous faisons allusion ici à des tâches dont l'accomplissement exige l'exécution d'un grand nombre d'opérations, à des tâches du type de celles que l'on rencontre généralement dans l'exercice d'un métier, d'un art ou d'une profession. Il peut s'agir, par exemple, de la tâche du plombier qui effectue une soudure à l'étain, de celle du comptable qui rédige un rapport d'impôt ou encore de celle de l'artiste qui peint un tableau.

INTRODUCTION

Lorsqu'un organisme adaptatif constate que la situation existante est en deçà de ses attentes, il conçoit généralement un plan dont l'exécution sera susceptible de transformer cette situation dans le sens de ses attentes. Nous nous intéressons plus particulièrement à la dynamique de la planification et de l'exécution de l'action dans ce chapitre. En nous basant sur les argumentations de Luria (1973, 1980) et de Fodor (1986) concernant la modularité de l'esprit, nous considérons le système humain de traitement de l'information comme regroupant un ensemble de fonctions hiérarchisées dont les procédures sont activées lors de la planification et de l'exécution de l'action. Lorsque l'individu perçoit un écart entre la situation existante et ses attentes, il élabore un plan d'accomplissement d'une tâche par le truchement de la fonction responsable de la génération des plans. Par la suite, il fait appel aux fonctions opératoire, verbale ou motrice du cortex cérébral pour exécuter ce plan. Ces quelques fondements théoriques nous permettent de construire progressivement un modèle de l'accomplissement d'une tâche dans ce chapitre et de proposer une définition du concept de compétence dans le chapitre suivant.

DYNAMIQUE DE L'ACCOMPLISSEMENT D'UNE TÂCHE COMPLEXE[2] _____

On peut analyser le processus de planification et d'exécution de l'action chez l'être humain en observant le fonctionnement du cerveau lors de l'accomplissement de tâches opératoires, verbales ou motrices. C'est ce que nous tenterons de réaliser dans cette première partie du chapitre. Nous étudierons d'abord brièvement les composantes principales du cerveau humain telles que décrites par Luria (1973, 1980) pour analyser ensuite quelques-unes des fonctions assumées par ces composantes.

Composantes de base du cerveau humain

Dans un intéressant ouvrage, *The Working Brain*, le neuropsychologue russe Aleksandr R. Luria décrit trois composantes principales du cerveau humain (Luria, 1973). Une première, la composante affective traitée dans le sixième chapitre, a pour fonction de régler le niveau de l'activité neuronale requise pour activer le traitement de l'information nécessaire à la planification et à l'exécution de l'action. Cette fonction régulatrice est principalement assurée par certaines composantes de la partie inférieure du cerveau, le cerveau reptilien, et en particulier par la formation réticulée (voir Changeux, 1983, et Lazorthes, 1982).

La deuxième composante voit principalement à la perception des stimuli externes, à leur représentation et à leur emmagasinage en mémoire à long terme. Cette fonction semble assurée principalement par les procédures encodées dans les îlots de neurones des lobes occipitaux, des aires sensorielles, des lobes pariétaux et du lobe temporal gauche. Les lobes pariétaux seraient aussi le support de l'exécution d'opérations intellectuelles.

Une troisième composante est chargée de la programmation des plans d'action et de la vérification de l'exécution adéquate de ces plans. Cette fonction semble principalement assurée par les programmes des lobes frontaux du cortex cérébral.

Bien qu'ayant des rôles spécifiques, ces composantes agissent de façon complémentaire (Luria, 1973, p. 99). Ainsi, il est difficile de concevoir l'accomplissement d'une tâche complexe sans une activation suffisante des neurones du cortex. On ne peut non plus envisager un

_____
2. Voir aussi Brien (1985) de même que Brien et Duchastel (1986).

accomplissement adéquat de cette tâche sans une perception continue de la situation existante en vue d'une correction éventuelle. Tout en étant conscient de la complémentarité de ces diverses composantes, nous concentrons maintenant notre attention sur le fonctionnement du cerveau dans sa tâche de programmation et d'exécution de l'action.

Rôle d'aires spécifiques du cortex

Dans une série d'expériences originales, certains neuropsychologues ont démontré la complémentarité des fonctions propres à l'élaboration du plan de l'accomplissement d'une tâche, à l'exécution proprement dite et à la supervision de l'exécution. On observe par exemple chez des patients dont les lobes frontaux sont intacts mais dont les lobes pariétaux sont endommagés, une incapacité à exécuter les opérations particulières d'un plan d'action emmagasiné dans les lobes frontaux (Luria, 1973, p. 219-220). Lorsqu'on demande à ces patients de répéter les étapes de la solution d'un problème du type: « Il y a 10 livres sur l'étagère, on en retire 5 et on en ajoute 3, combien en reste-t-il? », ils éprouvent généralement peu de difficulté à répéter ces étapes car ils en connaissent le plan, mais ils ont de la difficulté à exécuter les opérations particulières sous-entendues dans le plan. À l'inverse, il est pénible pour des patients dont les lobes frontaux sont lésés mais dont les lobes pariétaux sont intacts, d'élaborer le plan requis pour résoudre le problème mentionné ci-dessus et surtout de superviser l'accomplissement de ce plan. Par contre, ces patients ont peu de difficulté à exécuter les opérations contenues dans les plans lorsqu'ils sont conduits pas à pas dans cette exécution.

Dans le même ordre d'idées, mais cette fois dans la région de l'aire de la parole, on note chez le patient dont les lobes frontaux sont intacts mais dont le lobe temporal est lésé, la capacité d'élaborer le plan d'une allocution, mais l'incapacité d'utiliser adéquatement les structures verbales nécessaires à la communication des idées du plan. Un phénomène analogue se rencontre chez le patient dont les lobes frontaux sont intacts mais dont l'aire motrice est lésée.

Aspect hiérarchique de l'accomplissement d'une tâche

Après avoir analysé le comportement de patients dont certaines aires du cortex avaient été lésées et après en avoir déduit des fonctions spécifiques, des neuropsychologues ont émis des hypothèses quant au rôle complémentaire de ces fonctions lors de l'accomplissement de tâches particulières (voir, par exemple, Luria, 1973). Dans la même veine, d'autres cogniticiens considèrent l'accomplissement d'une tâche, même routinière, comme étant hiérarchique (Albus, 1979; Miller, Galanter et Pribam, 1960; Simon, 1981; Weiss, 1969; Rosenbaum, Kenny et Derr, 1983; Minsky, 1986). Selon ces chercheurs, le cheminement de l'information entre certaines aires du cerveau, lors de l'accomplissement d'une tâche, se ferait un peu à la façon dont l'information est transmise des généraux aux soldats lors de l'exécution de manœuvres militaires (Albus, 1979). Dans l'accomplissement d'une tâche motrice, par exemple, un plan global de la tâche à exécuter est élaboré dans les lobes frontaux. Des signaux émanant du plan esquissé sont ensuite transmis à l'aire prémotrice où des *patterns* d'actions appropriés sont activés. Ces *patterns* contiennent la programmation nécessaire à l'exécution de mouvements globaux tels le mouvement d'un bras ou le balancement de la tête. Ces *patterns* émettent ensuite des signaux qui activent les neurones moteurs responsables de mouvements particuliers. Ce fonctionnement hiérarchique du système humain de traitement de l'information a été illustré et décrit par Weiss (1969) dans le cas de tâches motrices, mais il semble s'appliquer tout aussi bien dans le cas de tâches opératoires et verbales (Luria, 1973). Il s'agit d'un fonctionnement économique puisque les mêmes sous-procédures opératoires, verbales ou motrices sont combinées et réutilisées pour l'accomplissement de tâches variées.

Modèle partiel de l'accomplissement d'une tâche

Ayant en main ces quelques données, nous pouvons proposer un modèle partiel du traitement de l'information par le cortex lors de l'accomplissement de tâches complexes. Le cheminement de l'information dans ce modèle est illustré par le schéma de la figure 4.

Dans le schéma, les cases représentent les fonctions assumées par différentes aires du cerveau et les flèches suggèrent des séquences possibles d'activation de ces fonctions lors de l'accomplissement de tâches particulières. Ainsi, la case 1 représente la fonction génération de plans qui est principalement assurée par les procédures emmagasinées dans les lobes frontaux. Ces procédures permettent, dans le cas d'une tâche motrice comme le démarrage d'une tondeuse à essence, la mise en séquence des sous-procédures nécessaires à l'accomplissement de la tâche globale et, dans le cas de l'accomplissement d'une tâche

Figure 4: *MODÈLE PARTIEL DE LA PLANIFICATION ET DE L'EXÉCUTION D'UNE TÂCHE*

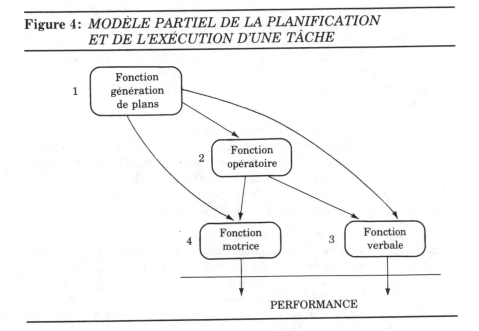

comme le prononcé d'un discours sur un sujet donné, l'identification et l'agencement des grandes parties du discours. Dans le cas d'une tâche à caractère strictement opératoire, comme celle de la résolution d'un problème d'arithmétique, ce sont les étapes possibles de la résolution du problème qui sont esquissées. C'est cette capacité de programmation de l'action ou de l'élaboration de plans complexes, si développée chez l'être humain, qui le rend supérieur aux autres espèces animales. Notons qu'il s'agit ici d'une présentation très globale de la fonction programmation de l'action. Le lecteur intéressé à l'aspect raisonnement de cette fonction pourra, par exemple, consulter Richard (1990) et Crépeault (1989).

La case 2 illustre la fonction opératoire de l'action. Les opérations qui y sont exécutées sont arithmétiques ou logiques et sont vraisemblablement exécutées dans les lobes pariétaux. Dans ce cas, le rôle des lobes pariétaux fait penser à celui de l'unité arithmétique et logique de l'unité centrale d'un ordinateur, dont la tâche consiste à exécuter les opérations logiques ou arithmétiques d'un programme.

Avant de poursuivre notre examen des fonctions opératoire, motrice et verbale, soulignons toutefois que le diagramme de la figure 4 peut masquer par sa simplicité la complexité de cet accomplissement. Par exemple, le lecteur l'aura peut être noté, non seulement le principe de la hiérarchisation de l'action s'applique-t-il entre les fonctions génération de plans, opératoire, verbale et motrice, mais il se concrétise aussi à l'intérieur même de l'accomplissement des tâches propres à chacune de ces fonctions. L'exécution de procédures opératoires complexes, comme on l'a déjà noté, suppose l'existence de sous-procédures. Cette remarque convient aussi pour l'accomplissement de tâches motrice ou verbale.

La case 3 symbolise la fonction nécessaire à la sélection et à l'exécution des *patterns* phonétiques et articulatoires nécessaires à l'émission de phrases par l'individu. Cette fonction est principalement assumée par le lobe temporal gauche. La case 4 illustre la fonction nécessaire à l'exécution des *patterns* moteurs. Cette fonction est assumée par les aires prémotrice et motrice du cortex.

Dans le diagramme de la figure 4, certaines séquences d'exécution possibles sont suggérées par des flèches reliant les cases. Ces séquences démontrent l'accomplissement de différents types de tâches. Ainsi, par la trajectoire 1-2-4, nous postulons que l'accomplissement de la tâche globale nécessitera l'élaboration d'un plan, l'exécution d'opérations abstraites et l'utilisation de programmes moteurs. C'est probablement dans cet ordre que s'effectue le traitement de l'information chez l'individu à qui l'on a récemment enseigné à conduire une automobile à embrayage manuel et qui doit effectuer ses premiers changements de vitesses. À chaque nouveau changement, il doit élaborer un nouveau plan de l'action à entreprendre, exécuter mentalement ou simuler les opérations nécessaires et, finalement, accomplir les mouvements appropriés[3]. Après plusieurs années de conduite, on peut toutefois postuler que le rôle de la fonction opératoire sera limité et que seules les fonctions 1 et 4 entreront en jeu[4].

Dans le même ordre d'idées, la personne qui en est à ses débuts dans l'apprentissage d'une langue étrangère doit élaborer le plan du discours qu'elle tiendra à son interlocuteur, exécuter les opérations nécessaires à la mise en forme de l'argumentation et construire les *patterns* (phonétiques, articulatoires, syntaxiques...) nécessaires

---

3. Nous considérons que la plupart des actions humaines sont simulées avant leur exécution (par exemple, voir à ce sujet Denis, 1987). Lorsque la simulation est jugée satisfaisante, l'action est extériorisée et se traduit par une performance.

4. Nous faisons ici allusion au phénomène intéressant de l'évolution des compétences dans le temps ou de leur plasticité. Si accomplir une tâche consiste à changer une situation initiale en une situation désirée, on peut postuler que celui qui a accompli une tâche donnée à plusieurs reprises n'éprouvera plus le besoin de se représenter dans tous leurs détails les situations intermédiaires et que l'accomplissement se limitera alors presque uniquement à exécuter les opérations appropriées.

(séquence 1- 2- 3; voir Koestler, 1967, p. 41 pour une bonne vulgarisation de la théorie de Chomsky concernant l'élaboration du discours). Après quelques années, on peut supposer que le traitement de l'information relatif à la construction des phrases sera allégé et deviendra inconscient.

Fonction perceptuelle

Nous avons mentionné, en début de chapitre, que les fonctions affective, perceptuelle et de programmation de l'action ne pouvaient être considérées séparément. Pour que le réseau neuronal soit activé, il faut que la composante affective le soit et, pour que l'accomplissement d'une tâche se fasse, il faut qu'au départ et tout au long de l'exécution, l'organisme soit informé de la situation courante en vue d'une rectification éventuelle. Nous devrons donc ajouter au diagramme de la figure 4 une composante perceptuelle. Cette composante servira, entre autres, à la représentation de la situation désirée, de la situation initiale et des situations intermédiaires.

Il importe de souligner, en nous référant au diagramme de la figure 5, le lien qui existe entre la fonction perceptuelle et les fonctions opératoire, verbale et motrice. Ce lien souligne le fait que le rôle de cette fonction consiste non seulement en la représentation de situations externes, mais aussi de situations intermédiaires hypothétiques internes pendant la programmation de l'action.

Modèle global de l'accomplissement d'une tâche

La réflexion poursuivie dans ce chapitre et le précédent nous permet de proposer une vue globale de l'accomplissement d'une tâche par un être humain. À cette fin, il est utile de considérer l'accomplissement d'une tâche comme un processus se déroulant en un certain nombre de phases au cours desquelles diverses procédures sont exécutées. Parmi ces phases figurent celle de la représentation de la situation existante, celle de la situation désirée, celle de la génération d'un plan et celle de l'exécution et de l'ajustement de ce plan.

Si nous nous référons au diagramme de la figure 5, nous pouvons postuler que, durant la première phase de l'accomplissement d'une tâche, la fonction perceptuelle est activée et l'individu se représente, au moyen des schémas qu'il possède en mémoire à long terme, la situation actuelle et la situation désirée. Ces représentations se font sous

Figure 5: *MODÈLE GLOBAL DE LA PLANIFICATION ET DE L'EXÉCUTION D'UNE TÂCHE*

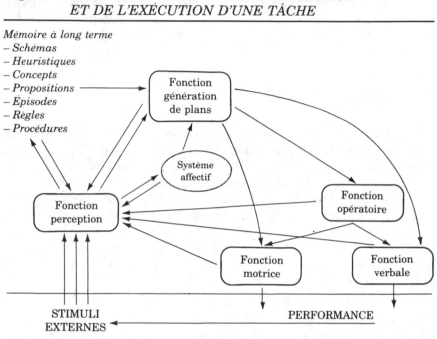

forme de concepts, de propositions, d'épisodes et de blocs de connaissances. Pour que de telles représentations soient possibles, il faut que l'individu possède des schémas pertinents et que le système de traitement de l'information assigne à ces schémas les concepts appropriés.

Durant la planification, le système affecté à la génération des plans recherche des règles de production susceptibles de s'appliquer à la situation initiale pour la changer en situations intermédiaires. Ce processus se réalise jusqu'à ce qu'une suite de situations intermédiaires satisfaisantes relie la situation initiale à la situation désirée (ou but). Tout au long du montage du plan, les diverses composantes de celui-là sont simulées. Les opérations des composantes sont exécutées mentalement et le résultat de cette exécution est enregistré par le système perceptuel en vue d'une rectification éventuelle.

Durant cette phase de planification, au moins deux possibilités peuvent se présenter selon que l'individu dispose ou non d'un plan approprié. Dans le premier cas, le rôle du générateur de plans est simplifié: il se limite à repérer un plan existant. Dans l'autre cas, le

générateur de plans doit sélectionner des règles de production appropriées et créer un agencement qui permettra de combler l'écart entre
la situation initiale et la situation désirée. Durant ce travail de mise
en séquence de règles de production, diverses heuristiques seront utilisées par le générateur de plans. Pour que ce travail de génération de
plans soit possible il faut, dans le cas de tâches routinières, que celui
qui accomplit la tâche possède des représentations de la situation
actuelle et de la situation désirée et qu'il connaisse l'ordre dans lequel
il doit utiliser les règles de production appropriées. Dans le cas de
l'accomplissement de tâches originales, il faut que l'individu possède
les heuristiques appropriées.

Pendant la troisième phase de l'accomplissement d'une tâche, l'activation des systèmes opératoire, moteur et verbal aboutira généralement à une performance qui sera corrigée jusqu'à ce que le niveau
d'expertise voulu soit atteint. Il va sans dire que l'exécution des procédures propres à cette phase requiert que le système de traitement
de l'information dispose des opérations appropriées.

Le modèle que nous proposons pour décrire l'accomplissement
d'une tâche complexe chez l'être humain s'inspire de ceux de Newell
et Simon (1972), de Card, Moran et Newell (1983), de Taylor et Evans
(1985) et de Richard (1990). Pour ces chercheurs, les connaissances
acquises par l'individu sont conservées en mémoire à long terme sous
forme déclarative et (ou) procédurale, et c'est à partir de ces connaissances que la fonction génération de plans effectue son traitement. Il
en résulte une performance.

RÉSUMÉ

Lorsqu'un être humain perçoit un écart entre la réalité et ses attentes,
il élabore un plan dont la concrétisation est susceptible de combler cet
écart. Pour ce faire, il utilise son système de traitement de l'information. Ce système est constitué d'un ensemble de fonctions hiérarchisées
dont les procédures s'activent lors de la planification et de l'exécution
d'une tâche.

Plus précisément, lors de l'accomplissement d'une tâche, il y a
d'abord représentation de la situation existante et de la situation
désirée. Par la suite, un plan est conçu par la fonction programmation
de l'action. Tout au long de sa conception, ce plan est simulé mentalement. Il est ajusté si nécessaire et de ce tout résulte une performance.

Lors de la planification de l'action, l'individu fait appel aux connaissances emmagasinées dans sa mémoire à long terme. L'accomplissement d'une tâche complexe est donc rendu possible par l'exploitation des connaissances déclaratives et procédurales constituant le répertoire de l'individu. Le travail d'exploitation des connaissances lors de l'élaboration des plans est guidé par les stratégies de résolution de problèmes (heuristiques) dont dispose l'individu.

Chapitre 4

Compétences humaines

Voilà la terre sur le tour. Ça tourne... Voilà la forme qui monte. Vous comprenez? Ça se forme sous vos yeux. Vos yeux, votre pouce, la main, l'argile, le tour, la vitesse; il faut que ça soit mélangé à des doses justes pour faire ce vase juste. En même temps vous réfléchissez.
(Giono, *Rondeur des jours*, 1943)

FONDEMENTS THÉORIQUES _____

Concept de compétence

Si nous convenons du fait qu'accomplir une tâche consiste à transformer une situation existante en une situation désirée, nous dirons que celui qui dispose des procédures pour effectuer une telle transformation possède une compétence. Nous définirons alors la compétence comme *la capacité qu'a un individu d'accomplir une tâche donnée* ou, plus spécifiquement, comme *un ensemble de procédures et de sous-procédures activées lors de la planification et de l'exécution d'une tâche donnée*[1].

De fait, nous pouvons distinguer « compétence en puissance » et « compétence en acte ». Dans le premier cas, la compétence se présente sous la forme de connaissances déclaratives et procédurales emmagasinées en mémoire à long terme. Dans l'autre cas, ces connaissances ont été activées et permettent la représentation des situations existantes, intermédiaires et désirées, de même que la génération et la

_____

1. Nous considérons qu'il y a une certaine analogie entre une compétence et un programme informatique. Ce dernier contient généralement une procédure maîtresse qui, lorsqu'elle est activée, déclenche l'exécution des sous-procédures appropriées. Notre définition est analogue à celle de Landa (1983).

simulation de ces plans. C'est donc par abus de langage que nous considérons une compétence comme un ensemble de procédures puisque l'exécution de ces procédures suppose aussi l'existence de connaissances déclaratives. Nous pouvons classer les compétences en deux grandes catégories: les compétences du type reproduction et les compétences du type production, chacune de ces catégories se subdivisant en sous-catégories.

Compétences du type reproduction et du type production[2]

Si nous considérons l'accomplissement d'une tâche donnée comme supposant d'abord la recherche d'un ordre d'exécution d'un ensemble de procédures et de sous-procédures, il nous faut convenir, comme nous l'avons suggéré dans le chapitre précédent, de l'existence de modalités de planification différentes, selon que le solutionneur connaît déjà la séquence des sous-procédures à exécuter ou qu'il doive lui-même la rechercher. Nous dirons que, dans le premier cas, le solutionneur possède une compétence du type reproduction parce qu'il utilise alors, dans l'accomplissement d'une tâche, une séquence connue de sous-procédures. Dans l'autre cas, le solutionneur possède une compétence du type production parce qu'il doit découvrir l'ordre dans lequel des sous-procédures doivent être exécutées pour accomplir la tâche. La recherche d'un ordre d'exécution suppose alors, nous l'avons vu dans le chapitre 3, la maîtrise de procédures d'un autre type, des heuristiques que l'on peut considérer comme des règles de production d'un ordre supérieur.

Pour tenir compte de la réalité, nous considérons toutefois les compétences du type reproduction comme pouvant se subdiviser en deux catégories: les compétences du type reproduction simple et les compétences du type reproduction complexe. Nous dirons que, lorsque des compétences du type reproduction simple sont activées, un plan bien défini existe déjà dans la mémoire à long terme de l'individu. Dans le cas de compétences du type reproduction complexe, nous dirons qu'un plan global de l'accomplissement de la tâche existe, et que ce plan requiert certains ajustements pendant l'accomplissement de la tâche. Un bon exemple de ce type de compétence est fourni par la résolution

2. Voir aussi Brien (1985) de même que Brien et Duchastel (1986).

d'équations linéaires. L'individu qui accomplit une telle tâche sait que, globalement, il doit transformer l'équation initiale qui lui est fournie en une suite d'équations équivalentes jusqu'à ce qu'il ait isolé l'inconnue. Le solutionneur a donc une idée du plan à utiliser, mais il ne connaît pas, avant de résoudre l'équation, la suite précise des opérations qu'il devra exécuter.

De plus, il faut souligner le fait que c'est par commodité que nous classons les compétences en catégories. En réalité, il s'agit beaucoup plus d'un continuum que d'une dichotomie. À l'une des extrémités de ce continuum se trouvent des compétences qui permettent l'accomplissement de tâches automatiques et, à l'autre extrémité, des compétences qui permettent l'accomplissement de tâches originales (voir à ce sujet Richard, 1990, et Hoc, 1987).

Compétences variées

Qu'il s'agisse de compétences du type reproduction ou du type production, nous devons admettre qu'elles peuvent contenir des procédures opératoires, verbales ou motrices. Sans vouloir proposer une taxonomie des compétences humaines nous pouvons, en guise de synthèse des réflexions précédentes, indiquer diverses modalités d'existence d'une compétence. Cette réflexion nous amènera à formuler des suggestions pour la formulation des objectifs pédagogiques et à revoir sous un nouvel éclairage la structuration du contenu d'une activité de formation.

Représentons graphiquement les *compétences du type reproduction* qui peuvent être acquises par un individu en vue de l'accomplissement de tâches opératoires, verbales ou motrices (figure 6). Symbolisons par (r) l'ensemble des procédures nécessaires pour repérer, activer et contrôler l'exécution d'un plan qui existe déjà dans le répertoire de celui qui accomplit la tâche. Ensuite, symbolisons par (o) l'ensemble des procédures nécessaires pour exécuter, s'il y a lieu, les opérations abstraites de la tâche et par (-o) la non-nécessité; par (m) l'ensemble des procédures nécessaires pour accomplir, s'il y a lieu, la partie motrice de la tâche et par (-m) la non-nécessité; par (v) l'ensemble des procédures utilisées pour accomplir, s'il y a lieu, la verbalisation et par (-v) la non-nécessité. Nous avons alors un arbre des possibilités des divers agencements de procédures qui caractérisent plusieurs des compétences humaines.

Figure 6: *REPRÉSENTATION DES DIVERS AGENCEMENTS*
DES PROCÉDURES DE COMPÉTENCES
DU TYPE REPRODUCTION

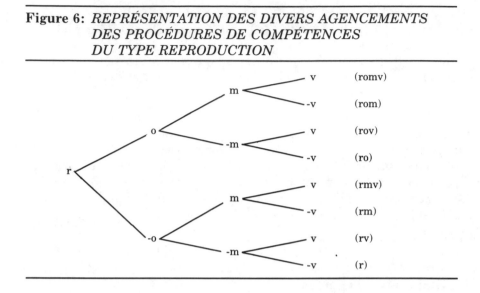

À l'examen, le diagramme de la figure 6 suggère des compétences de types divers. Par exemple, la compétence à additionner des nombres entiers de plusieurs chiffres peut être considérée comme étant une compétence du *type reproduction impliquant l'exécution d'opérations abstraites* (ro)[3], tandis que la compétence à réciter la fable « Le loup et le chien » peut être définie comme étant du *type reproduction impliquant l'exécution d'opérations verbales* (rv). Dans la même veine, la compétence à « fabriquer un meuble selon un plan connu » peut être considérée comme étant du *type reproduction impliquant l'exécution d'opérations abstraites* (les calculs à effectuer en fabriquant le meuble) *et motrices* (rom).

L'analyse des *compétences du type production* est plus complexe. Pour la simplifier, définissons, dans un premier temps, les compétences du type production comme étant celles nécessaires à l'accomplissement de tâches dont le plan d'exécution n'est pas, au préalable, connu de celui qui accomplit la tâche. Dans ce cas, les compétences peuvent être illustrées au moyen du diagramme de la figure 7.

---

3. Une façon de décrire une compétence particulière consiste à indiquer d'abord si celle-ci est du type reproduction ou du type production. Par la suite on mentionne, suivant le cas, s'il y a exécution d'opérations abstraites, motrices ou verbales dans un domaine particulier.

Figure 7: *REPRÉSENTATION GRAPHIQUE DES DIVERS AGENCEMENTS DES PROCÉDURES DE COMPÉTENCES DU TYPE PRODUCTION*

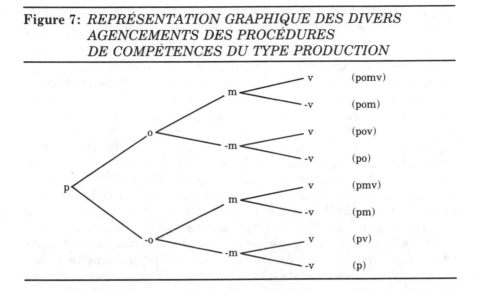

Le diagramme de la figure 7 se comprend aisément puisque nous n'avons modifié que la première des composantes d'une compétence du type reproduction. La variable (r) qui caractérisait les procédures pour repérer, activer et contrôler un plan connu est devenue (p) qui caractérise des procédures heuristiques nécessaires à la conception d'un tel plan. Ainsi, la compétence de celui qui est capable d'improviser un discours sur un sujet donné peut être définie comme étant du *type production impliquant l'exécution d'opérations abstraites* (opérations logiques nécessaires à la mise en forme de l'argumentation) *et verbales* (pov). La compétence à résoudre des problèmes écrits d'algèbre peut, elle aussi, être classée dans ce type puisque, dans ce cas, la personne a à rechercher le plan de la solution, à exécuter des opérations abstraites et à en communiquer le résultat. Toujours dans le même ordre d'idées, la compétence de celui qui peut créer une œuvre originale tel un tableau ou une sculpture peut être considérée comme du *type production impliquant l'exécution d'opérations abstraites et motrices* (pom).

Compétence à communiquer un contenu donné

Plusieurs des exemples proposés dans les chapitres précédents se rapportent à l'acquisition de compétences caractérisées par l'exécution d'opérations abstraites ou motrices dans un domaine donné. Qu'en est-il de l'acquisition de compétences utilisées pour la communication?

La personne qui peut définir un concept, expliquer un événement ou décrire une procédure vise à informer une autre personne de ce concept, de cet événement ou de cette procédure. L'émetteur du message doit donc faire en sorte que le récepteur passe d'une structure cognitive existante à une structure cognitive désirée. Pour communiquer efficacement, l'émetteur doit donc être au fait de la structure cognitive initiale du récepteur et, tout en respectant des règles propres à la communication, agencer ses messages de façon à amener le récepteur à former la structure cognitive désirée. Dans un tel cadre de référence, il faut admettre que la compétence à communiquer un contenu particulier est de même nature qu'une compétence opératoire ou motrice: dans les deux cas, il s'agit de transformer un état initial en un état désiré au moyen d'opérations appropriées. Dans le cas de compétences motrices, l'acteur agit sur un milieu physique donné au moyen d'opérations physiques alors que, dans le cas de compétences du type verbal, il agit sur une structure cognitive donnée au moyen d'opérations verbales (Searle, 1969; Suchman, 1987).

Dans le même ordre d'idées, la compétence à communiquer un contenu pourra être du type reproduction ou du type production. Dans le premier cas, l'émetteur connaît l'ordre dans lequel les messages doivent être agencés (il a déjà entendu ces messages ou les a lui-même déjà émis dans un ordre donné); dans l'autre cas, il doit utiliser les heuristiques appropriées pour élaborer le plan de son allocution.

APPLICATION À LA FORMATION ⸻

Parmi les tâches que doit accomplir le concepteur d'activités de formation, celle de la formulation des objectifs pédagogiques est fondamentale. D'une part, des objectifs bien définis facilitent la structuration du contenu des activités de formation, le choix de méthodes et de médias d'enseignement appropriés, et la construction d'items d'évaluation pertinents. D'autre part, les objectifs permettent à l'animateur d'orienter les activités de formation de façon à faciliter l'acquisition de compétences bien spécifiées. Mais les objectifs ne servent pas qu'au concepteur et à l'animateur d'activités de formation. Lorsqu'ils sont formulés en termes compréhensifs, ils permettent à l'apprenant de focaliser son traitement de l'information vers l'acquisition de compétences bien définies et de vérifier, tout au long de l'apprentissage, les progrès accomplis vers l'acquisition de telles compétences. Nous proposons ci-dessous des suggestions relatives à la formulation des objectifs pédagogiques. Par la suite, et dans le cadre de la réflexion de ce chapitre et des chapitres précédents, nous reviendrons à la structuration du contenu d'activités de formation.

Formulation des objectifs pédagogiques

Pour Mager (1962), un objectif pédagogique doit contenir un mot d'action qui décrit la performance attendue de l'étudiant, une description des conditions de réalisation de cette performance et un critère de performance. Nous croyons que ces composantes doivent demeurer dans la formulation d'un objectif, mais que celui-ci devrait être formulé davantage en fonction de l'activité mentale de celui qui accomplit une tâche donnée. La façon de définir les objectifs pédagogiques proposés ici se compare à celle que suggère Briggs (1977). La différence réside dans le fait que nous nous situons carrément dans une perspective cognitive. Ainsi, un objectif devrait contenir la description de la situation actuelle ou initiale, c'est-à-dire la description de la situation qui existe au moment de l'activation de la compétence. L'objectif devrait mentionner si la tâche à accomplir est du type reproduction ou du type production et si elle suppose l'exécution d'opérations abstraites, motrices ou verbales. Finalement, l'objectif devrait décrire la situation désirée ou le produit de l'accomplissement de la tâche. Il nous semble que la formulation des objectifs, telle que nous la concevons, pallie les lacunes dénoncées par Malglaive (1990).

Pour formuler des objectifs pédagogiques dans une telle perspective, le travail se fait en deux temps. D'abord on procède à la description, généralement imprécise, d'une performance à faire atteindre et on tente de répondre aux questions ci-dessous. Ensuite on s'assure que les composantes suggérées par Mager sont présentes dans l'objectif.

1) Quelle est la situation actuelle ou initiale?

2) Est-ce que le plan de la tâche à exécuter est connu de celui qui a à accomplir cette tâche ou devra-t-il générer un nouveau plan à chaque fois qu'il accomplira la tâche?

3) Est-ce que la tâche à accomplir se caractérise par l'exécution d'opérations intellectuelles dans un domaine particulier du savoir?

4) Est-ce que la tâche à accomplir se caractérise par l'exécution de procédures motrices dans un domaine donné?

5) Est-ce que la tâche à accomplir se caractérise par la verbalisation dans un domaine donné?

6) Quelle est la situation désirée ou quel est le résultat de l'accomplissement de la tâche?

Bien que ne tenant pas de l'absolu, cette analyse permet de se faire une idée assez juste du contenu des compétences à faire acquérir et permet de préciser les objectifs pédagogiques. Nous fournissons, ci-dessous, quelques exemples de formulation d'objectifs suivant la procédure suggérée. Le premier objectif appartient au domaine de l'art culinaire et le second à celui de la géométrie. Ces objectifs sont formulés en deux parties: dans la première (avant la première parenthèse) figure le verbe d'action qui décrit la performance; dans la deuxième (entre parenthèses), nous répondons aux questions suggérées précédemment et décrivons les conditions et le critère de performance. Lorsque les objectifs sont formulés de cette façon, on peut les utiliser dans des contextes différents sans modifications majeures. Ainsi, lorsque les objectifs sont destinés aux administrateurs ou aux étudiants, on peut en présenter uniquement la première partie. Lorsque les objectifs sont utilisés par les concepteurs et les spécialistes du contenu, ils comportent toutes les composantes:

> L'étudiant sera capable de préparer différents types de hors-d'œuvre. (Des aliments et des accessoires appropriés seront présentés à l'étudiant. Celui-ci devra confectionner dix types différents de hors-d'œuvre. Il n'aura pas accès aux livres de cuisine. Il préparera les hors- d'œuvre suivant les techniques et les modèles présentés au cours. Il devra réussir huit des dix hors-d'œuvre à la satisfaction de juges spécialement formés.)

Il s'agit ici d'une compétence du type reproduction puisque l'on s'attend à ce que l'étudiant suive les recettes enseignées en classe. Il y a exécution d'opérations abstraites (mesure des quantités, temps de cuisson, etc.) et exécution d'opérations motrices. Dans un autre contexte, la compétence exigée pourrait avoir été différente. Dans la formulation de l'objectif, l'accent pourrait avoir porté sur l'initiative et la créativité de l'étudiant. Dans ce cas, on s'attendrait à ce que l'étudiant « crée » de nouveaux hors-d'œuvre plutôt qu'il n'en reproduise:

> L'étudiant pourra démontrer les propositions des *Livres 1* et *2* d'Euclide. (Douze propositions non démontrées en classe seront présentées à l'étudiant. Celui-ci devra démontrer, par écrit, ces propositions. Parmi les douze démonstrations, dix devront être réussies.)

Il s'agit ici d'une compétence du type production puisque l'étudiant devra utiliser, dans un ordre acceptable, les propositions apprises dans les *Livres 1* et *2* d'Euclide. Il y a exécution d'opérations abstraites

(opérations arithmétiques et logiques) et exécution d'opérations verbales, puisque l'étudiant devra présenter ses démonstrations suivant
la terminologie acceptée en géométrie. Nous voilà donc en présence
d'une compétence du type production avec accent mis sur l'exécution
d'opérations abstraites et verbales. Mais si les propositions avaient été
démontrées en classe auparavant, cette compétence aurait fait partie
du type reproduction. À l'autre extrême, on peut concevoir le cas où
aucun des éléments de la géométrie d'Euclide n'aurait été enseigné en
classe. Dans ce cas, l'enseignement aurait dû être orienté vers l'acquisition de compétences du type qu'Euclide lui-même possédait.

Structuration du contenu

Nous avons suggéré, dans le chapitre 2, des moyens susceptibles de
faciliter l'encodage de connaissances déclaratives tels des concepts, des
propositions et des épisodes, de même que des connaissances procédurales telles des règles de production simples et des heuristiques.
Dans un cours, ce sont de grands ensembles de connaissances déclaratives et procédurales que l'on veut faire acquérir. Le problème consiste
donc, lors de la préparation d'activités de formation, dans l'identification des connaissances déclaratives et procédurales à faire acquérir,
et dans la recherche d'un ordre de présentation qui en facilitera l'acquisition. Voici quelques suggestions relatives à la façon de faire
acquérir ces connaissances.

Table des matières pédagogique

Si nous considérons une compétence comme un ensemble de procédures
et de sous-procédures utilisées pour accomplir une tâche, il faut s'interroger, lors de la structuration du contenu, sur le matériel mental
que l'apprenant devra posséder pour maîtriser une telle compétence.
D'une part, celui qui accomplit la tâche rendue possible par la compétence doit disposer des connaissances nécessaires pour se représenter la situation actuelle, la situation désirée ainsi que des situations
intermédiaires. Ces connaissances sont les concepts, les propositions,
les épisodes et les blocs de connaissances dont on tentera de faciliter
l'acquisition durant l'apprentissage ou qui figurent déjà dans le répertoire de l'apprenant. D'autre part, celui qui accomplit la tâche doit

disposer des connaissances procédurales qui lui permettront de transformer une situation existante en une situation désirée. Ces connaissances sont des règles de production, des procédures et des heuristiques. Une fois ces connaissances identifiées, de même que les schémas pouvant en faciliter l'encodage, nous pouvons nous interroger quant à des séquences susceptibles d'en faciliter l'acquisition.

Une façon simple d'identifier les connaissances que devra posséder celui qui pourra accomplir une tâche donnée et de déterminer un ordre qui facilitera l'acquisition de ces connaissances consiste d'abord à: a) décrire la démarche de l'expert lorsqu'il accomplit une telle tâche. Une fois cette démarche décrite, b) on identifie, dans la description, la situation actuelle, la situation désirée et les transformations qui permettront de changer la situation actuelle en la situation désirée. Par la suite, c) on identifie les connaissances déclaratives et procédurales susceptibles d'être utilisées pour représenter ces entités. Finalement, d) on bâtit une table des matières des connaissances à enseigner[4]. Un exemple de la démarche suggérée facilitera la compréhension du lecteur.

Imaginons que l'on veuille apprendre à des étudiants inscrits à un cours de comptabilité la façon de « rédiger une déclaration de revenus québécoise ». D'abord, on décrit la tâche telle qu'elle pourrait être accomplie par un expert[5]. Dans le cas qui nous intéresse, la tâche pourrait être décrite comme ci-dessous:

1) On calcule le revenu brut (en additionnant les revenus de différents emplois: revenus de pensions, travail à son compte, etc.);

2) On calcule les déductions (en additionnant les différentes cotisations payées: frais de garde d'enfants, cotisation syndicale, participation à des organismes etc.);

3) On calcule les exemptions (en additionnant l'exemption personnelle de base, de personne mariée, pour enfants à charge, etc.);

4) On calcule le revenu imposable (en retranchant du revenu brut les déductions et les exemptions);

5) On calcule l'impôt d'après les tables (en établissant le niveau d'imposition d'après les tables);

---

4. La table des matières fait référence à des compétences en puissance (connaissances déclaratives et procédurales emmagasinées en mémoire à long terme). Lorsque l'apprenant aura interagi avec un environnement pédagogique approprié, il possédera une compétence en acte qui rendra possible la performance désirée.

5. Plusieurs techniques peuvent être utilisées pour décrire une telle tâche. Voir à ce sujet Zimke et Kramlinger (1987).

6) On calcule l'impôt à payer... ou le remboursement à recevoir (en soustrayant le montant pris à la source de l'impôt d'après les tables).

Une fois la description de tâche réalisée, on identifie la situation de départ, la situation désirée ainsi que les transformations qui permettront de changer la situation de départ en la situation désirée.

Dans le cas qui nous intéresse, la situation de départ consiste en un formulaire contenant un certain nombre d'inscriptions et en données numériques relatives au client (salaire net, déductions, exemptions diverses) apparaissant sur les divers formulaires de déclaration de revenus et sur les reçus (TP4, etc.). La situation désirée est un formulaire rempli dans lequel figure l'impôt à payer ou le remboursement à recevoir.

Les principales transformations à effectuer sont: 1) le calcul des déductions; 2) le calcul des exemptions; 3) le calcul du revenu imposable; 4) le calcul de l'impôt d'après les tables; 5) le calcul de l'impôt à payer ou du remboursement à recevoir.

Les descriptions de la tâche, de la situation initiale, de la situation désirée et des principales transformations étant faites, on identifie, dans ces descriptions, les connaissances déclaratives et procédurales à faire acquérir aux apprenants (concepts et propositions-clés, épisodes, règles de production simples, procédures, heuristiques et schémas pertinents). Par la suite, on procède à la rédaction d'une table des matières des connaissances à faire acquérir en ayant soin de respecter les quelques suggestions formulées au chapitre 2 relatives à la représentation des diverses connaissances déclaratives et procédurales. Pour notre propos, la table des matières de la présentation des connaissances pourrait avoir la forme suivante[6]:

1) Concept d'impôt;

2) Schémas de base (voir explications ci-dessous);

3) Concepts de revenu brut
   – revenus de différents emplois,
   – revenus de pension,
   – travail à son compte;

4) Procédure pour le calcul du revenu brut;

---

6. Dans certains cas il est préférable, avant de rédiger la table des matières, d'élaborer une arborescence des connaissances à faire acquérir (Brien, 1983).

5) Concepts de déduction
   – frais de garde d'enfants,
   – cotisation syndicale,
   – participation à des organismes;

6) Procédure pour le calcul des déductions;

7) Concepts d'exemptions
   – exemption personnelle de base,
   – exemption de personne mariée,
   – exemption pour enfants à charge;

8) Procédure pour le calcul des exemptions;

9) Procédure relative au calcul du revenu imposable;

10) Procédure relative au calcul d'impôt d'après les tables;

11) Procédure pour le calcul de l'impôt à payer;

12) Procédure relative à la façon de remplir le formulaire.

Après avoir donné une définition du concept d'impôt, on présente quelques schémas relatifs au calcul de l'impôt (le calcul de l'impôt est un *processus* que l'on exécute en un certain nombre d'étapes; l'impôt à payer *se calcule d'après* le revenu net; l'impôt à payer est *proportionnel* au revenu net, etc.)[7]. Par la suite, on pourrait présenter les concepts de revenu brut, de déductions et d'exemptions en expliquant les sous-catégories de ces concepts. Dans chaque cas, une fois les concepts définis, on pourrait procéder à l'enseignement de la procédure relative au calcul de l'item.

Les apprenants ayant maîtrisé les différents concepts et les procédures qui s'y rattachent, on peut alors leur enseigner à calculer le revenu imposable, le calcul de l'impôt d'après les tables et les procédures pour le calcul de l'impôt à payer. On termine en leur expliquant la façon de remplir le formulaire.

Nous avons, pour des raisons pédagogiques, choisi volontairement d'analyser une tâche simple. Dans la pratique, toutefois, il s'agit le plus souvent d'analyser des tâches qui, elles-mêmes, contiennent des sous-tâches. On aura donc intérêt, dans ce cas, à procéder à une première décomposition de la tâche en sous-tâches avant d'utiliser la technique décrite précédemment. On pourra, par exemple, décomposer un

---

7. On suppose que l'apprenant possède les préalables relatifs à la « relation proportionnelle » et le concept de « revenu net ».

emploi quelconque en ses principales fonctions et ensuite décomposer chacune de ces fonctions en tâches, comme l'indique le diagramme de la figure 8. Finalement on analysera, suivant la technique proposée, les tâches qui se situent au bas de l'arborescence et l'on bâtira la table des matières des connaissances déclaratives et procédurales requises pour l'acquisition des compétences relatives à cet emploi.

Figure 8: *DÉCOMPOSITION D'UN EMPLOI EN FONCTIONS ET TÂCHES*

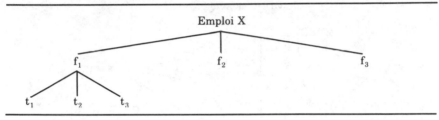

Cette réflexion relative à la structuration du contenu d'une activité de formation nous amène naturellement à souligner l'importance des préalables dans l'enseignement.

Importance des préalables

À la lecture de ce chapitre et des chapitres précédents, le lecteur aura sans doute saisi le rôle majeur occupé par les préalables dans la formation. Pour que des compétences puissent être acquises, il faut que l'apprenant possède auparavant les connaissances déclaratives et procédurales appropriées. Ces connaissances sont des concepts, des propositions, des épisodes, des règles de production, des procédures ou des heuristiques. Ces diverses unités cognitives, comme nous l'avons déjà mentionné, sont interreliées. De nouveaux concepts sont acquis à partir d'anciens, de nouvelles propositions sont formées à partir de concepts que possède déjà celui qui apprend, et il en va de même pour les autres unités cognitives, sans compter le rôle assimilateur-clé joué par les schémas lors de l'encodage de ces diverses connaissances. Le diagramme de la figure 9 illustre les liens de préalables qui existent entre les diverses unités cognitives.

Figure 9: *LIENS DE PRÉALABLES ENTRE DIVERSES UNITÉS COGNITIVES*

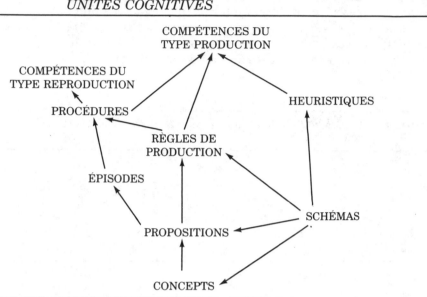

Ces liens entre les diverses unités cognitives dont nous avons traité dans les chapitres précédents pourraient amener le lecteur à penser que l'enseignement doit nécessairement être linéaire. Nous verrons, dans le chapitre suivant, que diverses méthodes pédagogiques peuvent être utilisées suivant que l'on privilégie un enseignement directif ou non directif. Dans le premier cas, les liens de préalables seront respectés mais, dans le second, l'apprenant acquerra, par découverte guidée, les connaissances visées.

Modèles mentaux

De plus, il faut convenir que l'accomplissement d'une tâche ne se fait pas à vide et que l'expertise requiert beaucoup plus que l'acquisition de quelques connaissances déclaratives et procédurales éparses. Celui qui agit le fait sur un système, lequel constitue une composante ou sous-système de systèmes plus englobants. La représentation que l'individu se fait des différents états et des diverses transformations qui peuvent survenir dans un système donné constitue son propre modèle mental du système en question (Norman, 1983). Ce modèle mental est formé des connaissances déclaratives et procédurales que l'individu possède relativement au système-cible[8]. Ainsi le chirurgien qui opère à cœur ouvert doit posséder le modèle mental le plus juste possible de la façon dont fonctionne le cœur humain. Ce modèle lui permet de simuler ce type de fonctionnement et de poser les actes appropriés à la bonne conduite de l'opération; il lui permet aussi de comprendre le rôle des membres de l'équipe qui l'assiste dans l'accomplissement de sa tâche et d'agir en complémentarité avec cette équipe.

On comprend dès lors le rôle-clé joué par un modèle mental dans le traitement de l'information. Des enquêtes ont démontré que certaines conflagrations qui se sont produites dans des centrales nucléaires pendant les dernières années étaient imputables à des erreurs humaines que l'on pouvait, en fin de compte, attribuer à l'absence de modèles mentaux appropriés chez les opérateurs de ces centrales. Quel modèle mental l'opérateur d'une centrale nucléaire doit-il posséder? La formation de l'opérateur doit-elle être du niveau de celle de l'ingénieur ou de celle du technicien? Voilà des questions auxquelles s'intéressent les scientistes de la cognition.

Pour le formateur, l'importance d'inciter l'apprenant à élaborer des modèles mentaux appropriés n'a pas à être démontrée. Selon certains auteurs (Norman, 1983; Gentner et Gentner, 1983; Gineste, 1986), le rôle de l'analogie dans l'enseignement est fondamental puisque l'analogie active chez l'apprenant les schémas nécessaires à l'élaboration de modèles mentaux appropriés.

RÉSUMÉ

Pour combler l'écart entre la réalité et ses attentes, un être humain s'engage dans l'accomplissement de tâches diverses. Lorsqu'il peut accomplir de telles tâches, nous disons qu'il possède les compétences appropriées. Nous pouvons donc définir une compétence comme un ensemble de procédures et de sous-procédures utilisées lors de l'accomplissement d'une tâche donnée.

Il peut être utile de différencier connaissance, compétence et performance de la façon suivante: les connaissances sont des données emmagasinées en mémoire à long terme qui permettent à l'individu

---

8. Voir l'excellent travail de Hoc (1987) relatif aux « systèmes de représentations et de traitement » qui s'apparentent, en quelque sorte, aux modèles mentaux.

de se représenter des objets et des faits et d'agir sur ces objets et ces faits. Ce sont des compétences en puissance. Une compétence en acte, c'est la capacité qu'a un individu d'exploiter les connaissances de son répertoire pour générer des plans qui, lorsqu'ils sont activés, entraînent une performance. La performance est le résultat de l'activation d'une compétence.

Les compétences humaines se différencient par les diverses procédures et sous-procédures utilisées lors de la planification et de l'exécution d'une tâche. Ces compétences sont du type reproduction lorsqu'elles supposent l'utilisation d'un plan connu. Elles sont du type production lorsqu'un nouveau plan doit être élaboré à chaque nouvel accomplissement d'une tâche.

Il importe, lors de la formulation des objectifs pédagogiques, d'indiquer si la performance à laquelle nous faisons allusion dans l'énoncé de l'objectif est générée par une compétence du type reproduction ou par une compétence du type production. Il importe aussi d'indiquer si la compétence suppose l'exécution d'opérations abstraites, motrices ou verbales.

Lorsque l'on veut enseigner une compétence donnée, on doit d'abord décrire la tâche telle qu'elle sera accomplie par celui qui possède cette compétence. Par la suite, on identifie la situation initiale, la situation désirée et les transformations qui permetteront de changer la situation initiale en la situation désirée. Enfin, on identifie les connaissances déclaratives et procédurales et on rédige la table des matières.

Lorsque l'on veut faire acquérir une compétence donnée, il importe de se soucier des liens de préalables qui existent entre les connaissances qui fondent cette compétence.

La maîtrise d'un contenu ou d'une matière donnée ne consiste pas uniquement en la possession de connaissances déclaratives ou procédurales isolées. Un apprentissage de qualité suppose chez l'apprenant la construction de modèles mentaux appropriés. Un modèle mental consiste en un ensemble ordonné de connaissances déclaratives et procédurales qui permettent la représentation du système sur lequel l'apprenant agit et du système à l'intérieur duquel il agit.

Chapitre 5

Acquisition de compétences

Mille années durant, nous avons joué des ailes et du bec pour ramasser des têtes de poisson, mais désormais nous avons une raison de vivre: apprendre, découvrir, être libres!

(Bach, *Jonathan Livingston le goéland*, 1970)

INTRODUCTION

Lorsqu'un individu ne dispose pas de la compétence qui lui permettrait d'accomplir une tâche donnée, il s'engage généralement dans des activités d'apprentissage. Il modifie alors sa structure cognitive pour s'en donner une plus appropriée. Lorsqu'il a acquis les connaissances nécessaires et qu'il peut les exploiter dans l'accomplissement d'une tâche, on dit qu'il a acquis une compétence. C'est à cette démarche de l'acquisition de compétences que nous nous intéresserons plus particulièrement dans ce chapitre. Nous en étudierons d'abord les diverses phases telles qu'elles sont suggérées par Fitts et Posner (1967) et proposerons ensuite un modèle simple pour l'acquisition de compétences basé sur la réflexion évolutive des chapitres précédents. Par la suite, nous formulerons des suggestions relatives à la mise en forme d'activités d'apprentissage appropriées.

FONDEMENTS THÉORIQUES

Phases de l'acquisition d'une compétence

Dans son livre *The Architecture of Cognition*, Anderson (1983) poursuit la réflexion de Fitts et Posner relative à l'acquisition de compétences motrices. Pour Anderson, les phases proposées par Fitts et Posner pour l'apprentissage de compétences motrices se comparent aux phases constituant l'apprentissage d'une compétence caractérisée par l'exécution d'opérations abstraites.

Dans une première phase (phase cognitive), des connaissances sont emmagasinées sous forme déclarative par l'individu. S'il s'agit d'acquérir la compétence nécessaire à la conduite d'une automobile à embrayage manuel, par exemple, l'individu encode, au moyen des schémas dont il dispose, des propositions relatives à la position des différentes vitesses et aux principaux gestes à poser pour procéder aux changements de vitesse.

Pendant la deuxième phase (phase associative), les connaissances acquises se précisent. L'individu apprend à utiliser dans l'ordre approprié les faits relatifs aux changements de vitesse. Ce n'est plus l'aspect déclaratif des connaissances qui prévaut à cette phase, selon Anderson, mais leur aspect procédural. Ce qui n'empêche toutefois pas l'individu de pouvoir conserver en mémoire les connaissances déclaratives qui ont servi à former les connaissances procédurales.

Dans une troisième phase (phase autonome), la compétence est raffinée ou rodée progressivement. Les procédures s'exécutent alors avec plus de souplesse, et l'individu n'a plus à être conscient de leur exécution. Cette dernière phase pourra durer plusieurs années et c'est à ce niveau de compétence que nous pouvons différencier le novice de l'expert. Il est alors intéressant de noter que, pendant cette phase, l'individu perd généralement sa compétence à verbaliser les faits emmagasinés dans la première phase.

Version modifiée du modèle de Anderson

En tenant compte du modèle proposé par Anderson et de la réflexion amorcée dans les chapitres précédents, nous considérons l'acquisition d'une compétence comme un processus se déroulant en trois phases complémentaires dont le contenu diffère quelque peu de celui proposé par Anderson. Ces phases sont: la motivation, le montage et le rodage. Nous présentons ici le processus de l'acquisition d'une compétence comme s'exécutant en trois phases consécutives mais, en réalité, les processus propres à chacune des phases s'exécutent plutôt en parallèle et par chevauchement. Ainsi, si nous pouvons convenir que, lors de l'acquisition d'une compétence, il doit d'abord y avoir motivation, nous devons admettre que l'effet de cette motivation doit persister tout au long de l'acquisition de la compétence afin que les tâches relatives à l'encodage et au rodage s'accomplissent. Dans le même ordre d'idées, soulignons que des opérations relatives à l'encodage des connaissances nécessaires à la maîtrise de la compétence s'accomplissent aussi pendant la phase de rodage.

Motivation

Dans un premier temps, un écart est perçu par l'individu entre la réalité et ses attentes ou, si l'on préfère, entre sa structure cognitive existante et la structure cognitive désirée. Si l'individu se rend compte qu'il ne peut accomplir une tâche qui entraînerait éventuellement la satisfaction de ses besoins, sa motivation à acquérir la compétence qui lui permettra d'accomplir une telle tâche s'active[1]. Il construit alors mentalement les expectatives ou la représentation de la situation désirée, et est prêt à fournir l'effort nécessaire pour changer sa structure en une structure cognitive plus appropriée. Il peut maintenant s'engager dans la phase du montage de la compétence.

Montage

Nous avons, au chapitre précédent, défini la compétence comme un ensemble de procédures et de sous-procédures activées lors de la planification et de l'accomplissement d'une tâche. Lors du montage d'une compétence donnée, l'apprenant devra donc acquérir des connaissances qui lui permettront de se représenter la situation actuelle, les situations intermédiaires et la situation désirée. Il devra aussi acquérir les connaissances qui lui permettront de changer la situation actuelle en la situation désirée. Une telle réflexion nous amène à concevoir le montage d'une compétence comme un processus se déroulant en deux temps, comme le suggère Anderson: a) encodage de l'aspect déclaratif des procédures et des sous-procédures de la compétence, b) encodage de l'aspect procédural de ces procédures et sous-procédures.

Encodage de l'aspect déclaratif.   Lors de l'encodage des connaissances sous forme déclarative, les schémas susceptibles d'être utilisés

---

1. Vu l'importance de la motivation dans l'apprentissage, le chapitre suivant y est consacré.

pour assimiler l'information venant de l'extérieur sont activés. La fonction perceptuelle voit à ce que des valeurs soient assignées aux variables de ces schémas. Les schémas nécessaires à la formation de concepts, de propositions, de règles de production, d'algorithmes, de corps de connaissances sont alors repérés et remplis. Ces schémas génèrent des connaissances du type concept, proposition, épisode, règle de production ou heuristique qui sont stockées en mémoire à long terme pour exploitation éventuelle par le générateur de plans. Selon Anderson (1983), l'individu ferait, dès cette étape, certaines tentatives d'encodage de la partie procédurale de la compétence. Des heuristiques très générales seraient alors mises à profit lors de ce travail.

Encodage de l'aspect procédural.   Par la suite, les connaissances acquises, et en particulier les règles de production, sont exploitées par la fonction génération de plans. Dans l'accomplissement d'une tâche telle que celle de la résolution d'une équation linéaire, des règles de production sont appliquées à l'équation initiale de façon à la transformer (au moyen des opérations contenues dans ces règles) en une suite d'équations équivalentes jusqu'à la résolution de l'équation. Dans l'apprentissage de la conduite d'une automobile à embrayage manuel, les opérations motrices contenues dans les règles de production sont exécutées. Dans la rédaction d'un texte, les opérations nécessaires à la construction de phrases sont exécutées.

Ainsi, dans le cas de l'acquisition d'une règle de production, un schéma pertinent à l'encodage de la règle sera activé et des valeurs appropriées seront assignées aux variables de ce schéma. La règle sera par la suite simulée, corrigée si nécessaire et, finalement, les fonctions opératoire, motrice ou verbale de la compétence seront activées. Lorsque la compétence demandée consiste à définir un concept, le schéma pour l'encodage d'un concept sera d'abord appelé et des valeurs seront assignées aux variables de ce schéma. Par la suite, un plan sera activé pour la formulation de la définition. Ce plan pourra consister à: a) indiquer la classe du concept, b) énumérer les caractéristiques du concept. Par la suite, les composantes verbales et motrices seront activées pour formuler la définition demandée.

Modalités d'encodage des connaissances.   Selon Rumelhart et Norman (1978), l'encodage de connaissances se fait suivant des modalités diverses. Selon ces chercheurs, il y a apprentissage par « accrétion » lorsqu'il existe dans le répertoire de l'individu un schéma qui peut assimiler directement l'information présentée. Dans ce cas, une correspondance s'établit entre le schéma et l'information externe. Les composantes du message perçu sont assignées aux variables du schéma et le tout aboutit à une nouvelle connaissance. C'est ce type d'apprentissage qui se fait dans la communication de tous les jours.

Par contre, il existe de nombreuses situations pour lesquelles l'individu ne dispose pas de schémas appropriés. Dans ce cas, la personne s'engage dans un apprentissage par restructuration. Plusieurs schémas de son répertoire sont alors combinés ou intégrés pour constituer un nouveau schéma représentatif de la réalité. Ce processus de restructuration, dont traite Ausubel (1968), n'est pas sans faire penser aux processus complémentaires d'assimilation et d'accommodation décrits par Piaget (1967).

Rodage

Après plusieurs utilisations de la compétence, l'agencement des procédures qui la constituent se fera automatiquement. C'est pendant cette phase que la compétence acquerra le degré de finesse qui caractérise l'expertise. Nous pouvons supposer alors que, pendant cette phase, la fonction simulation sera partiellement ou totalement mise hors circuit.

APPLICATION À LA FORMATION ⸻

Soutien à l'acquisition d'une compétence

En nous inspirant du modèle proposé précédemment et de la théorie de Gagné (1976, 1984[2]) nous formulons, dans les lignes qui suivent, des suggestions relatives à la façon de soutenir les trois phases de l'acquisition d'une compétence: la motivation, le montage et le rodage.

Soutien à la motivation.   Pour qu'un individu fournisse l'effort nécessaire à l'apprentissage d'une compétence donnée, il doit comprendre que la compétence envisagée lui permettra de satisfaire directement ou indirectement les besoins éprouvés. Il faut donc que le concepteur et l'animateur d'activités de formation proposent d'abord un contenu répondant aux besoins de l'individu et que l'enseignement

---

2. Voir St-Yves (1982) pour un exposé intéressant de la théorie de Gagné.

consiste en événements incitant la formation d'expectatives[3]. La présentation des objectifs d'un cours et la description des avantages qu'entraînera l'acquisition de la compétence envisagée figurent parmi les actions qui inciteront à la formation d'expectatives. Beaucoup d'attention sera apportée, dans le chapitre suivant, à la façon de mettre en forme des activités de formation motivantes.

Soutien au montage.   Puisqu'une compétence est constituée de procédures et de sous-procédures qui sont activées lors de l'accomplissement d'une tâche donnée, le soutien à fournir pendant le montage de la compétence consiste à amener l'apprenant à se représenter les situations initiales, intermédiaires et désirées, et à combiner les sous-procédures qu'il possède déjà pour former la nouvelle compétence. On présente alors des définitions, des énoncés en activant des schémas susceptibles d'aider l'apprenant à se représenter les diverses situations nécessaires à l'accomplissement de la tâche de même que les règles de production appropriées. De plus, pendant le montage, on incite l'apprenant à encoder l'aspect procédural de la compétence au moyen d'exercices suivis de la rétroaction appropriée.

Soutien au rodage.   Le montage de la compétence ne se traduit, en fait, que par une esquisse de la compétence. Pour être de quelque utilité, celle-ci devra être raffinée. Le concepteur et l'animateur d'activités de formation donneront alors l'occasion à l'apprenant de pratiquer la compétence par des exercices fréquents ou d'autres méthodes propres à l'activation de la compétence. C'est par ces exercices que l'apprenant mettra en marche ses procédures de repérage, de retrait, de transfert et l'animateur pourra alors lui fournir la rétroaction appropriée qui permettra l'ajustement de la compétence.

Ces quelques directives relatives au soutien à donner lors de la phase de rodage d'une compétence nous amènent à souligner de nouveau la distinction qui existe entre le montage et le rodage d'une compétence. Dans le premier cas, il est question de la mise en forme de la compétence alors que, dans le deuxième, il est question du perfectionnement de la compétence, de son raffinement. La différence entre la performance de l'apprenti et celle de l'expert dans un domaine donné tient au fait que, comme nous pouvons l'imaginer, dans le deuxième cas, les compétences ont été rodées, exercées, raffinées jusqu'à ce que le niveau d'expertise souhaité soit atteint.

---

3. Nous définissons les expectatives comme des représentations mentales qu'a l'individu de ce qu'il pourra accomplir après l'apprentissage ainsi que des avantages que lui procurera cet accomplissement: plus grande sécurité, estime des autres, réalisation de soi, etc. Les expectatives consistent donc en la représentation de situations désirées.

Par exemple, supposons que, dans un cours de conduite automobile, l'apprenant en soit à l'étape d'apprendre à changer les vitesses d'une automobile à embrayage manuel. Pour favoriser le montage de la compétence, l'instructeur pourra lui faire une démonstration de la procédure à exécuter, l'inciter à exécuter le mouvement approprié et lui fournir la rétroaction pertinente. Par la suite, pour roder cette compétence, l'instructeur fournira diverses occasions à l'apprenti de pratiquer la compétence. C'est par la phase de rodage que se termine normalement l'acquisition d'une compétence. Si tel n'est pas le cas, il s'agira de reprendre le processus en variant les explications et les exercices.

Choix de méthodes d'enseignement appropriées

Plusieurs méthodes d'enseignement peuvent être utilisées pour faciliter l'acquisition de compétences données[4]. Certaines de ces méthodes favorisent l'acquisition de compétences du type reproduction et d'autres l'acquisition de compétences du type production. Nous proposons, dans les tableaux 1 et 2, une classification d'un certain nombre de ces méthodes et, en annexe A, des descriptions brèves de ces méthodes (voir aussi Brien et Dorval, 1986). Cette classification tient compte du type de compétence à faire acquérir (compétence du type reproduction ou production, requérant l'exécution d'opérations abstraites, verbales ou motrices), de la modalité d'enseignement désirée (enseignement individualisé, à des petits groupes ou à des grands groupes) et de l'aspect déclaratif ou procédural de la compétence à faire acquérir.

L'utilisation de la classification est relativement simple, puisque le concepteur ou l'enseignant ont déjà identifié les compétences visées et que les connaissances déclaratives et (ou) procédurales nécessaires à l'acquisition de ces compétences figurent dans les tables de matières pédagogiques.

---

4. Nous distinguons *méthode* et *média* d'enseignement. Nous définissons une *méthode* d'enseignement comme un agencement particulier « d'événements d'enseignement » (au sens où Gagné [1984] l'entend). Ces événements sont, entre autres, la présentation d'information, le questionnement et la rétroaction. Le *média* est le soutien utilisé pour véhiculer ou concrétiser de tels événements. Bien qu'un média soit en général associé à une méthode particulière, il est possible d'utiliser, pour une méthode donnée, un autre média que celui qui lui est généralement assigné. Ainsi, dans la méthode des exposés on pourra recourir à l'animateur en personne ou au ruban magnétoscopique. De la même façon, un enseignement tutoriel pourra être assumé par un précepteur ou par l'ordinateur, dans certains cas.

Tableau 1: *ACQUISITION DE COMPÉTENCES DU TYPE REPRODUCTION (SIMPLE OU COMPLEXE)*

	TYPE D'ENSEIGNEMENT		
Compétence	*Individualisé*	*Petits groupes*	*Gros groupes*
Avec composante opératoire	lectures dirigées (d) a-a assisté (d,p) inf. structurée (d,p) modules a-v (d,p) ens. programmé (d,p) progr. télévisuelle (d,p) tutorat (d,p) méth. des projets (p) exercices (p) simulation (p) protocoles (p)	jeux (d,p) méth. des cas (p) méth. des projets (p) ens. par les pairs (d,p) simulation (p) démonstration (d) jeux de rôles (d,p) protocoles (p)	exposé (d) démonstration (d) tournois (p) jeux (d,p) ens. par les pairs (d,p)
Avec composante verbale	lectures dirigées (d) a-a assisté (d,p) inf. structurée (d,p) modules a-v (d,p) ens. programmé (d,p) progr. télévisuelle (d,p) tutorat (d,p) exercices (p)	jeux (p) méth. des cas (p) tournois (p) discussion (d,p) ens. par les pairs (d,p) démonstration (d)	exposé (d) démonstration (d) tournois (p) jeux (p) ens. par les pairs (d,p)
Avec composante motrice	modules a-v (d) progr. télévisuelle (d) tutorat (d,p) démonstration (d) exercices (p) protocoles (p) simulation (p)	démonstration (d) protocoles (p) ens. par les pairs (d,p) simulation (d,p) tournois (p)	démonstration (d) tournois (p) ens. par les pairs (d,p)

Dans un premier temps, il s'agit de fixer les contraintes dans le cadre desquelles l'enseignement devra se préparer ou se dérouler. Dispose-t-on de beaucoup de temps pour préparer le cours? Est-il facile de réunir les apprenants? Est-on très limité sur le plan financier? Voilà des questions que le concepteur ou l'enseignant sont susceptibles de se poser au moment de l'identification des contraintes.

Une fois les contraintes fixées, il s'agit de choisir, dans les tableaux, une ou des méthodes appropriées pour l'enseignement des compétences visées. Relativement à ce choix, les remarques suivantes doivent être formulées.

D'abord, il faut tenir compte du fait que certaines méthodes peuvent favoriser à la fois l'encodage de la composante déclarative et de

Tableau 2: *ACQUISITION DE COMPÉTENCES DU TYPE PRODUCTION*

Compétence	TYPE D'ENSEIGNEMENT		
	Individualisé	*Petits groupes*	*Gros groupes*
Avec composante opératoire	lectures dirigées (d) a-a assisté (d) inf. structurée (d) ens. programmé (d) progr. télévisuelle (p) tutorat (d,p) méth. des cas (p) méth. des projets (p) simulation (p) protocoles (p)	jeux (p) méth. des cas (p) méth. des projets (p) discussion (p) jeux de rôles (d,p) protocoles (p) ens. par les pairs (d,p)	exposé (d) démonstration (d) jeux (p) ens. par les pairs (d,p)
Avec composante verbale	lectures dirigées (d) a-a assisté (d) inf. structurée (d) modules a-v (d) ens. programmé (d) progr. télévisuelle (d) tutorat (d,p) exercices (p)	jeux (p) méth. des cas (p) tournois (p) discussion (p) ens. par les pairs (d,p) démonstration (d)	exposé (d) démonstration (d) tournois (p) jeux (p) ens. par les pairs (d,p)
Avec composante motrice	modules a-v (d) progr. télévisuelle (d) tutorat (d,p) démonstration (d) exercices (p) protocoles (p)	démonstration (d) protocoles (p) ens. par les pairs (d,p) simulation (p) tournois (p)	démonstration (d) tournois (p) ens. par les pairs (d,p)

la composante procédurale d'une compétence — (d,p) dans les tableaux 1 et 2 —, alors que d'autres méthodes semblent plutôt favoriser, ou bien l'encodage de la composante déclarative — (d) — ou bien l'encodage de la composante procédurale — (p). Ainsi, on pourra utiliser l'enseignement programmé comme méthode unique pour favoriser la compétence des apprenants à résoudre des équations linéaires (compétence du type reproduction complexe avec composante opératoire), puisque cette méthode peut favoriser l'encodage de la partie déclarative et de la partie procédurale d'une compétence. De plus, on pourra utiliser une méthode particulière pour favoriser l'encodage de la partie déclarative d'une compétence donnée et une autre méthode pour favoriser l'encodage de la partie procédurale. Ainsi, pour enseigner à « souder à l'étain » (compétence du type reproduction complexe avec composante motrice), on pourra d'abord faire une démonstration qui favorisera l'encodage de la composante déclarative de la compétence, puis proposer des exercices pour favoriser l'encodage de la composante procédurale de cette compétence.

Dans la même veine, il faut aussi tenir compte du fait qu'il est possible, lors de l'utilisation des tableaux, de soutenir l'encodage de la partie déclarative d'une compétence suivant une modalité d'enseignement donnée (enseignement individualisé, par petits ou gros groupes) et l'encodage de la partie procédurale suivant une autre modalité. Ce cas se présente régulièrement lorsque, en classe, l'enseignant fait une démonstration relative à la façon « d'accorder des participes passés » et qu'il propose des exercices à faire à la maison.

En ce qui a trait à l'utilisation du tableau 2, nous devons rappeler au lecteur que les compétences du type production sont caractérisées par la maîtrise d'heuristiques et que, pour faciliter l'acquisition de telles heuristiques, il faut inciter l'apprenant à combiner ou à agencer des opérations abstraites, verbales ou motrices. Ce fait suppose que l'apprenant maîtrise déjà, jusqu'à un certain point, les sous-procédures appropriées ou, si l'on préfère, qu'il possède déjà les compétences du type reproduction nécessaires. Par exemple, si l'on veut amener l'apprenant à acquérir des heuristiques propres à la démonstration en géométrie, on doit s'assurer d'abord qu'il maîtrise, entre autres, des concepts (définitions), des règles de production et des procédures relatives à des notions de base de géométrie. L'emploi des méthodes suggérées dans le tableau 2 sera donc, dans la plupart des cas, précédé de celui de méthodes favorisant l'acquisition de compétences du type reproduction.

Finalement, il faut insister sur le fait que la classification proposée n'est là qu'à titre de suggestion. Le choix de méthodes d'enseignement appropriées, comme celui de la structuration du contenu d'une activité de formation, relève de la résolution de problème et non de l'utilisation de recettes. Dans les deux cas, il s'agit de rechercher un ensemble d'opérations qui permettra de faire passer un individu d'une structure cognitive X à une structure cognitive Y, ce qui suppose la maîtrise d'heuristiques pédagogiques dont on ignore, la plupart du temps, le contenu.

RÉSUMÉ

Pour que l'apprentissage d'une compétence se fasse, il faut que celui qui apprend soit motivé. Il doit comprendre que l'apprentissage dans lequel il est engagé lui permettra de satisfaire, à court, à moyen ou à long terme, ses besoins.

On peut considérer que le montage d'une compétence se réalise en deux temps. D'abord, il y a encodage de l'aspect déclaratif de la compétence. Une fois cet encodage achevé, l'individu peut généralement communiquer, au moyen de la fonction verbale, les connaissances acquises, mais il ne peut accomplir adéquatement la tâche exigée.

Par la suite, il y a encodage de l'aspect procédural de la compétence. Les fonctions propres à la programmation et à l'exécution de l'action sont alors activées. La fonction programmation de l'action élabore, par traitement des connaissances qui figurent dans le répertoire de l'apprenant, des plans dont l'exécution permettra de changer la situation existante en la situation désirée.

Les modes les plus courants d'encodage de connaissances sont l'accrétion et la restructuration. L'encodage se fait par accrétion lorsque l'individu dispose, dans son répertoire, de schémas qui peuvent servir, sans modification importante, à l'assimilation de l'information présentée. Lorsque l'individu ne dispose pas des schémas appropriés, il forme, par combinaison ou par intégration d'anciens schémas, de nouveaux schémas qui lui permettront d'appréhender la réalité et d'agir sur elle. Il y a alors apprentissage par restructuration.

Après le montage, il reste l'étape de rodage de la compétence. La nouvelle compétence est ajustée jusqu'à ce qu'elle permette un accomplissement adéquat de la tâche exigée.

Plusieurs méthodes d'enseignement peuvent être utilisées pour favoriser le montage et le rodage d'une compétence donnée. Pour effectuer un choix judicieux de ces méthodes, il faut tenir compte de facteurs tels que le type de compétence à faire acquérir, l'aspect — déclaratif ou procédural — de la compétence sur lequel appuyer et la modalité d'enseignement appropriée.

Chapitre 6 ⎯⎯⎯⎯⎯⎯⎯⎯⎯⎯⎯⎯⎯

Affectivité et cognition[1]

> C'est l'art le plus important du maître de faire naître la joie dans le travail et dans la connaissance.
> (Einstein, *Comment je vois le monde*, 1958)

---

1. Voir aussi Brien (1987).

INTRODUCTION

Le concepteur et l'animateur d'activités de formation ont souvent tendance à ne considérer que la composante cognitive de la personne à
qui est destinée la formation. Ils passent outre le fait que l'individu
qui apprend a des besoins, des attentes, des émotions, des attitudes,
des valeurs, et que sa motivation joue un rôle-clé dans le traitement
de l'information qui lui est présentée. Les conséquences d'une telle
omission sont malheureuses; elles se taduisent la plupart du temps
par la conception et la présentation d'activités de formation peu
stimulantes qui créent de l'aversion pour l'apprentissage, alors que
c'est le goût d'apprendre qu'il faudrait développer. Ce chapitre traite
des rôles complémentaires de l'affectivité et de la cognition dans
l'apprentissage.

Pour bien saisir ce rôle de l'affectivité dans l'apprentissage, il
importe de sortir de la classe, de l'école ou du centre de formation, et
de considérer l'apprenant dans son milieu naturel. Dans la première
partie de ce chapitre, nous reviendrons au modèle d'adaptation d'un
organisme à son milieu proposé par Simon dans le premier chapitre.
Nous ajouterons à ce modèle des éléments des théories de Bower (1975),
de Maslow (1970), de Lindsay et Norman (1977), et de Mandler (1984).
Le nouveau modèle souligne l'incidence des besoins de l'individu, de
ses expectatives, de ses émotions, de ses attitudes, de ses valeurs et

de sa motivation sur l'apprentissage. À la lumière de ce modèle, de celui de Keller (1983) et en tenant compte des idées de Nuttin (1980), nous formulerons des suggestions susceptibles de guider la démarche du concepteur et de l'animateur dans la préparation d'activités de formation motivantes.

FONDEMENTS THÉORIQUES

Adaptation de l'individu à son milieu

Bien que très puissant, le modèle proposé par Simon, et auquel nous avons fait allusion dans l'introduction, ne décrit que partiellement la démarche de l'être humain dans son effort d'adaptation à l'environnement. Pour bien circonscrire cet effort, il est nécessaire d'ajouter une connotation affective au modèle. La théorie de Maslow relative aux besoins fondamentaux, celle de Bower relative à la démarche globale de l'être humain, celles de Mandler, de Lindsay et Norman relatives aux émotions complètent bien le modèle de Simon. Nous résumerons d'abord brièvement ces dernières théories et proposerons ensuite un modèle intégré de la démarche de l'individu dans son effort d'adaptation au milieu. Nous tenterons par la suite de déduire de ce modèle la démarche de l'individu en situation d'apprentissage.

Besoins et expectatives

Plusieurs classifications des besoins de l'être humain ont été proposées dans les dernières décennies (Maslow, 1970; Keller, 1983; Nuttin, 1980). Bien que ces classifications soient quelquefois remises en question, leurs auteurs semblent admettre un même principe de base qui peut s'énoncer simplement de la façon suivante: *la plupart des activités ou des comportements de la personne sont orientés vers la satisfaction de besoins.*

Pour Abraham Maslow, il existe cinq grandes catégories de besoins: 1) les besoins physiologiques qui incluent la faim, la soif, la sexualité et autres besoins corporels; 2) les besoins de sécurité qui incluent la nécessité de se protéger des avaries physiques et psychologiques; 3) les besoins d'amour qui incluent l'affection, l'appartenance, l'acceptation par les autres, l'amitié; 4) les besoins d'estime qui incluent des facteurs tels que l'estime de soi, le statut, la reconnaissance et l'attention; 5) le besoin de se réaliser qui incite la personne à développer ses potentialités[2].

Innés ou acquis, ces besoins incitent l'individu à une recherche constante, consciente ou non, de situations ou d'états satisfaisants. Nous dirons que *la représentation mentale de ces situations ou de ces états satisfaisants constituent les expectatives primaires de la personne ou les buts*[3] *qu'elle veut atteindre.*

Dans ce contexte, nous devons convenir qu'il n'y a pas nécessairement correspondance biunivoque entre les expectatives ou buts et les besoins de l'individu. Souvent une situation pourra satisfaire plusieurs besoins à la fois. Ainsi, une gratification telle une « surprise party » pourra être perçue différemment selon la personne pour qui on l'organise: l'une y verra une occasion de satisfaire des besoins physiologiques; une autre la considérera comme une marque d'affection ou encore comme une marque d'estime. Une troisième l'envisagera comme une occasion d'accroître son développement personnel (discussions enrichissantes, nouvelles rencontres, etc.). Finalement, et probablement pour la plupart des gens, une telle gratification satisfera, à des degrés divers, tous les besoins auxquels il est fait allusion dans les lignes précédentes.

Chaînes d'expectatives

Nous devons aussi convenir de l'existence, chez l'être humain, d'expectatives intermédiaires ou de sous-buts subordonnés à l'atteinte des objets-buts ou des expectatives primaires dont il a été question précédemment. Par exemple, l'obtention d'un diplôme dans un domaine donné pourra constituer un sous-but susceptible de permettre la concrétisation d'un but caractérisé par la réception de marques d'estime ou la « sécurité d'emploi ». Obtenir la note « A » dans un cours faisant partie d'un programme d'études pourra constituer un sous-but subor-

---

2. Pour Maslow, ces besoins sont hiérarchisés. Pour que des besoins d'un niveau supérieur soient satisfaits, il faut que les besoins de niveau inférieur le soient. Nous ne retiendrons pas cet aspect de la théorie de Maslow dans les lignes qui suivent pour nous concentrer uniquement sur la notion même de besoin. Dans le même ordre d'idées, nous supposons qu'il puisse exister d'autres besoins tels ceux d'esthétique, de spiritualité, etc.

3. L'expression objet-but est souvent utilisée pour caractériser des expectatives primaires.

donné à l'atteinte du sous-but précédent (obtention du diplôme). Finalement, la maîtrise d'une compétence « X », dans telle leçon d'un cours de ce programme, constituera aussi un sous-but subordonné au précédent. Nous pouvons alors utiliser l'expression « chaîne d'expectatives » ou de sous-buts pour qualifier l'ensemble ordonné E_1, E_2, E_3..., E_n d'expectatives intermédiaires ou de sous-buts orientés vers l'atteinte d'une expectative primaire ou d'un but « X ».

Nous sommes alors amené à admettre l'existence, chez l'être humain, d'un processus constant de résolution de problèmes permettant la formation de chaînes d'expectatives ou de sous-buts subordonnés à l'atteinte de l'objet-but. La démarche d'adaptation de l'être humain à son milieu nous apparaît alors comme une activité caractérisée par l'élaboration constante de chaînes d'expectatives ou de sous-buts orientés vers l'atteinte d'objets-buts qui, eux, sont susceptibles de satisfaire les besoins fondamentaux de l'individu. (Voir Wolensky, 1983, pour une théorie intéressante des buts; voir aussi George, 1983, quant à l'incidence des buts sur la conduite humaine.)

Liens entre besoins, expectatives et émotions

En tenant compte de la réflexion des lignes précédentes, nous pouvons émettre l'hypothèse que, continuellement, l'être humain se représente, de façon consciente ou non, des situations désirées, états satisfaisants ou buts auxquels il doit accéder pour combler ses besoins, et que, continuellement aussi, il compare, de façon consciente ou non, sa représentation de la situation existante[4] à la représentation de la situation désirée. Lorsque la situation existante est différente de la situation désirée ou du but, une réaction physiologique de l'organisme suit (voir Lindsay et Norman, 1977; Mandler, 1984), caractérisée entre autres par la sécrétion d'adrénaline et par l'accélération du rythme cardiaque et de la respiration. Selon l'intensité de la réaction physiologique et l'évaluation cognitive de la situation qui se fait alors, la personne éprouve des émotions[5] agréables ou désagréables de forte ou de faible

---

4. La représentation de la situation existante englobe la représentation de la situation externe et celle de la situation interne à l'organisme. La représentation externe consiste en la perception, par l'individu, des stimuli externes et la représentation interne comprend, entre autres, la perception de la disponibilité ou de la non-disponibilité d'un plan et la perception de l'état physiologique existant. Ces représentations font suite à la particularisation de schémas de la personne, d'où leur subjectivité.

5. Pour une revue intéressante des théories modernes sur les émotions, voir *Emotion: Theory, Research and Experience* dans la collection de Plutchik et Kellerman (1980) et *Emotion, Cognition and Behavior* d'Izard, Kagan et Zajonc (1984).

intensité, et de telle ou telle qualité selon le besoin qui en est à l'origine[6]. Le diagramme de la figure 10 illustre, dans sa partie centrale, le processus de l'émergence d'une émotion.

Figure 10: *LIENS POSSIBLES ENTRE BESOINS, ÉMOTIONS ET ATTITUDES*

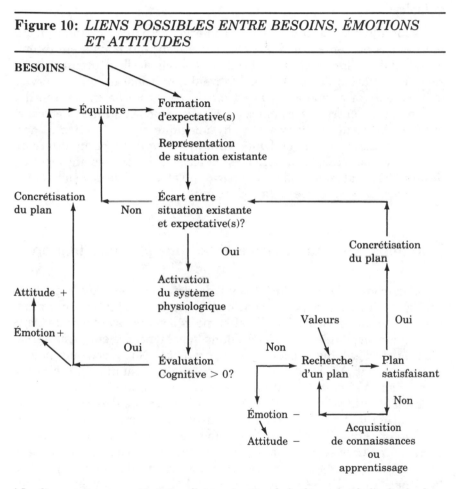

* Le diagramme est une tentative d'approximation de la démarche de l'individu dans son effort d'adaptation au milieu.

---

6. Mandler (1984) décrit le processus de l'émergence d'une émotion, mais il ne relie pas la qualité de l'émotion aux besoins de l'individu. Koestler (1968) suggère un tel lien.

Un tel processus peut être résumé ainsi: a) les besoins de l'individu entraînent la formation d'expectatives ou la fixation de buts; b) s'il y a écart entre les expectatives et la situation existante, il y a réaction physiologique; c) il y a alors évaluation cognitive positive ou négative de la situation et cette évaluation cause une émotion agréable ou désagréable.

Pour illustrer ce processus de l'émergence d'une émotion, imaginons le cas où l'on se rend dans un restaurant qui nous a été recommandé. On a alors certaines attentes vis-à-vis de la nourriture et du service (situation désirée). Une fois rendu, on constate que le service laisse à désirer et que le repas est médiocre (situation existante). Il y a donc écart entre les attentes et la situation existante. Cet écart entraîne l'activation du système physiologique et la sécrétion d'adrénaline, laquelle est suivie d'une évaluation cognitive de la situation. Comme, dans ce cas, l'évaluation est négative, on éprouve une émotion désagréable. Par contre, la réalité aurait pu être au delà de nos attentes et une émotion agréable aurait alors suivi.

Émotions par réminiscence, émotions par anticipation

Dans ce contexte, il est intéressant de noter que le modèle proposé explique, en partie, le phénomène de l'émergence d'émotions par réminiscence et par anticipation. En effet, nous pouvons avancer que, dans le premier cas, l'individu éprouve, dans le présent, des émotions agréables ou désagréables vécues antérieurement. Nous pouvons penser qu'au moment présent l'individu se représente ou simule une situation vécue dans le passé (situation existante d'alors), qu'il compare cette dernière aux expectatives d'alors (situation désirée d'alors) et qu'une émotion agréable ou désagréable éprouvée dans le passé est vécue dans le présent. Pour illustrer ce fait, imaginons l'étudiant qui, se remémorant un échec scolaire passé, en éprouve de la tristesse. En simplifiant, nous pouvons penser que cet étudiant simule, dans le présent, la situation qu'il a vécue au moment où il a connu un échec. Nous pouvons imaginer qu'il se revoit avec les attentes d'alors, qu'il reçoit la nouvelle de son échec (situation existante d'alors), qu'il y a comparaison de ces deux situations, activation du système physiologique, évaluation cognitive négative et émergence d'une émotion désagréable.

De la même façon, il est possible que le processus de l'émergence d'une émotion soit activé par simulation d'événements éventuels. Dans ce cas, l'individu anticipe l'éventualité d'une situation jamais vécue encore. Il peut alors en résulter des émotions agréables ou désagréables dans le présent suivant que la situation existante anticipée est en deçà ou au-delà des expectatives de l'individu. Pour les besoins de la cause, imaginons les émotions agréables éprouvées par anticipation lors de la préparation d'un voyage à l'étranger. Dans ce cas, on colore les situations éventuelles possibles, lesquelles tiennent souvent du rêve, vont au-delà des attentes et entraînent des émotions agréables. Malheureusement, la réalité est souvent différente, et il faut admettre que les émotions vécues par le voyageur ne sont pas toujours agréables[7].

Liens entre émotions et attitudes

Nous devons aussi admettre l'influence déterminante qu'auront les souvenirs agréables ou désagréables des émotions ressenties lors de l'accomplissement d'une tâche sur la décision d'exécuter ou non cette tâche dans le futur. Le souvenir d'émotions agréables ou désagréables éprouvées lors de l'accomplissement d'une tâche donnée déterminera l'attitude positive ou négative vis-à-vis de l'accomplissement ultérieur de cette tâche.

Nous pouvons alors ajouter aux connaissances nécessaires à l'accomplissement des diverses tâches dans lesquelles s'engage quotidiennement l'individu, une valence positive ou négative liée au souvenir agréable ou désagréable causé par l'émotion éprouvée lors de l'accomplissement de ces tâches. Au moment de l'activation des connaissances nécessaires à l'accomplissement d'une tâche donnée, nous pouvons émettre l'hypothèse qu'une émotion déjà éprouvée est vécue par l'individu et que l'éventualité de la répétition d'une telle émotion incite ou inhibe l'accomplissement de la tâche à accomplir. Nous comprenons dès lors plus aisément la définition de l'attitude comme une « disposition de l'organisme à choisir tel ou tel type d'activités » (Gagné, 1984).

---

7. Nous laissons ici au lecteur le soin de constater par lui-même toute la subjectivité des émotions qu'il vit. Devant des événements identiques, certains éprouveront des émotions agréables alors que d'autres en éprouveront des désagréables. Tout vient des attentes et de la représentation de la situation existante que l'on se fait. Ces représentations des attentes et de la situation existante dépendent, comme on l'a mentionné précédemment, des schémas de chaque personne. Avec la pratique, il est toutefois possible de changer des émotions désagréables en émotions agréables. Il s'agit alors de diminuer ou de moduler ses attentes, ou de dédramatiser la situation existante. C'est d'ailleurs ce que fait l'ami qui, nous voyant dans un état pitoyable, nous invite à prendre un verre. La plupart du temps, par argumentation, il nous « ramène à la réalité » : il nous fait prendre conscience de notre idéalisme (nos attentes sont souvent trop grandes) ou de notre tendance excessive à dramatiser la situation existante.

Nous comprenons aussi, par rapport à l'exemple du restaurant cité précédemment dans le texte, l'importance, pour un établissement qui désire augmenter sa clientèle, de procurer à ses clients des émotions agréables puisque ces émotions engendreront une attitude positive envers l'établissement. Dès lors, nous saisissons l'importance pour l'étudiant de vivre des émotions agréables lorsqu'il apprend. Ces émotions entraînent, à court terme, des attitudes positives vis-à-vis du contenu et des tâches qu'il accomplit et, à long terme, des attitudes positives vis-à-vis de l'apprentissage lui-même.

Motivation humaine

Dans ce cadre de référence, plusieurs définitions de la motivation humaine sont possibles. Celle-ci peut être considérée comme: « l'effort que l'individu est prêt à fournir pour satisfaire ses besoins », « l'effort qu'il est prêt à fournir pour combler ses attentes », « l'effort qu'il est prêt à fournir pour changer une situation actuelle en une situation désirée » ou finalement « l'effort qu'il est prêt à fournir pour se procurer des émotions agréables ». Nous pouvons supposer, en nous référant aux travaux de Nuttin (1980), de Bloom (1979) et de Keller (1983), que la motivation est fonction notamment de l'intensité des besoins de l'individu, de l'ampleur de la tâche à réaliser et du nombre d'accomplissements antérieurs réussis de la tâche (attitude positive vis-à-vis de la tâche). Un individu sera motivé à accomplir une certaine tâche s'il y voit son profit (la satisfaction éventuelle de besoins). Il sera motivé à accomplir la tâche s'il la considère réalisable et s'il a déjà éprouvé du succès dans le passé à accomplir des tâches analogues. Ces quelques considérations relatives aux besoins de l'individu, à ses attentes, à ses émotions, à ses attitudes nous permettent de situer la place qu'occupe l'apprentissage dans la vie de l'individu.

Place de l'apprentissage

Pour combler l'écart entre la situation existante et ses attentes, l'individu doit exécuter certaines actions. Comme l'ont suggéré Miller, Galanter et Pribam (1960), ces actions sont guidées par des plans qui peuvent, comme nous l'avons mentionné dans le chapitre 3, soit exister dans le répertoire de la personne, soit être élaborés pour la circonstance. Dans la situation idéale, la personne dispose d'un plan d'action qui permet l'atteinte des sous-buts et de l'objet-but. Dans d'autres cas, la personne ne dispose pas du plan et doit travailler à son élaboration. Elle s'engage alors dans le processus de résolution de problèmes, lequel est influencé par les valeurs de la personne (voir la figure 10). Lors du processus de résolution de problèmes, il y a acquisition de connaissances ou apprentissage par la personne. L'apprentissage apparaît donc comme une activité qui permet, indirectement, la satisfaction des besoins fondamentaux de la personne et, de ce fait, l'adaptation au milieu. Une vue synthétique de la démarche d'adaptation de la personne à son milieu par l'apprentissage est proposée à la figure 11.

Figure 11: *L'APPRENTISSAGE COMME MOYEN D'ACCÉDER AUX EXPECTATIVES*

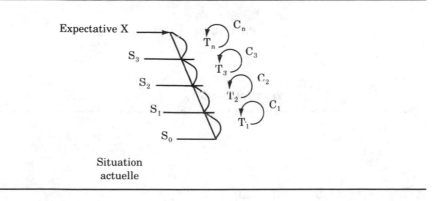

Pour satisfaire une expectative ou un but X, l'individu doit accéder à des états intermédiaires ou sous-buts S_1, S_2, S_3..., S_n. Pour accéder à ces derniers, il doit exécuter des tâches T_1, T_2, T_3..., T_n. Dans le cas où il ne possède pas les compétences pour exécuter de telles tâches, il s'engage dans une voie que nous avons convenu d'appeler apprentissage. L'individu entreprend alors le montage et le rodage de compétences C_1, C_2, C_3..., C_n qui lui permettront d'exécuter les tâches T_1, T_2, T_3..., T_n. Nous pouvons alors considérer les compétences comme étant elles-mêmes des sous-buts dont l'atteinte favorisera l'accomplissement des tâches qui, elles, permettront la concrétisation des buts et donc la satisfaction des besoins de la personne. Apprentissage et besoins de l'individu peuvent donc être reliés au moyen de la chaîne illustrée à la figure 12.

Figure 12: *LIENS ENTRE TÂCHES D'APPRENTISSAGE
ET BESOINS*

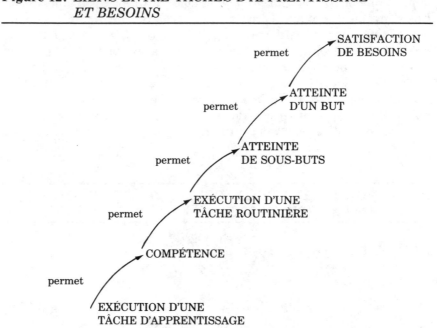

Affectivité et apprentissage

Le rôle de l'affectivité dans l'apprentissage apparaît maintenant plus clairement. Nous pouvons postuler que les processus affectifs qui entrent en jeu lors de l'accomplissement d'une tâche d'apprentissage sont les mêmes que ceux qui sont présents lors de l'accomplissement de toute autre tâche. Lorsqu'une tâche d'apprentissage est accomplie, il y a formation d'expectatives ou de buts (compétence désirée), représentation d'une situation existante (incompétence) et évaluation de l'écart entre la situation existante et le but. Une fois saisie la perception de cet écart, il y a réaction physiologique de l'organisme et évaluation cognitive. De cette évaluation résultent des émotions agréables ou désagréables. Dans le même ordre d'idées, les émotions éprouvées en cours d'apprentissage entraînent des attitudes positives ou négatives envers le contenu à apprendre ou la tâche éventuelle à exécuter. Toujours dans le même ordre d'idées, l'individu qui est motivé est celui qui est prêt à investir l'effort nécessaire (en matière d'opérations mentales à exécuter) pour changer sa structure cognitive existante en une structure cognitive qui lui permettra d'accomplir une tâche donnée et, éventuellement, de satisfaire ses besoins. L'individu motivé à l'apprentissage est, comme pour le cas de l'accomplissement de tâches usuelles, celui dont les besoins sont considérables, à qui l'ampleur de la tâche paraît raisonnable et dont l'expérience passée relative à l'accomplissement de tâches analogues est positive.

APPLICATION À LA FORMATION

Dans la première partie de ce chapitre, nous avons souligné les liens qui existent entre les besoins, les expectatives, les valeurs, les émotions, les attitudes et la motivation. Nous avons indiqué que les compétences acquises, parce qu'elles permettent l'accomplissement de tâches données, entraînent, à court ou à long terme, la satisfaction des besoins de la personne. La perspective cognitive que nous avons adoptée alors rend plus aisée la mise en forme d'activités d'apprentissage stimulantes. Nous nous intéresserons plus particulièrement, dans les lignes qui suivent, à la façon de concevoir des activités de formation motivantes et à la façon de faire acquérir aux apprenants des attitudes particulières à adopter.

Motivation de l'apprenant

Nous avons défini, dans les pages précédentes, la « motivation à apprendre » comme l'effort que l'individu est prêt à investir pour changer sa structure cognitive existante en une structure cognitive plus appropriée. Nous pouvons postuler que *cet effort est fonction d'au moins trois facteurs importants : l'intensité des besoins de l'individu, l'ampleur de la tâche d'apprentissage, l'attitude de l'individu vis-à-vis de cette tâche.* Nous formulerons donc des suggestions susceptibles d'aider le concepteur ou l'animateur à maximiser l'influence de ces trois facteurs dans la formation et ainsi d'accroître la motivation de l'apprenant. Ces suggestions sont déduites de la réflexion des pages précédentes et se situent dans le cadre des théories motivationnelles de Keller (1983), de Martin et Briggs (1986) ainsi que de Nuttin (1980).

Nous terminerons le chapitre en formulant d'autres suggestions plus particulièrement adaptées au développement des attitudes à adopter.

Motivation à apprendre et besoins de l'individu

Inciter l'apprenant à établir des liens entre la compétence à acquérir et la satisfaction de ses besoins.

Puisque la plupart des activités humaines — y compris l'apprentissage — sont orientées vers la satisfaction de besoins, nous devons convenir de l'importance pour l'animateur d'aider l'apprenant à bien définir les liens qui existent entre l'acquisition de compétences particulières et la satisfaction de ses besoins (Bouchard, thèse en préparation). De tels liens peuvent être établis en incitant l'apprenant à construire des chaînes d'expectatives appropriées. Nous pouvons décrire les tâches que permettra d'accomplir l'acquisition de telle ou telle compétence, les sous-buts que permettra d'atteindre l'accomplissement de telle ou telle tâche, les buts ou expectatives que permettront d'atteindre les sous-buts et les besoins que les buts ou expectatives permettront de satisfaire.

Selon l'endroit où l'on se situe dans une leçon, un cours ou un programme de formation, il est possible d'amener l'apprenant à former des chaînes d'expectatives diverses. Au tout début d'un cours, l'animateur rend significatifs le ou les buts du cours et les avantages à atteindre ces buts. Il indique les avantages à maîtriser les diverses compétences qui seront acquises dans ce cours. Tout au long du cours, il explicite les liens qui existent entre l'accomplissement de telle ou telle tâche d'apprentissage et l'acquisition d'une compétence particulière.

Bien que l'on puisse faire ressortir directement, au moyen d'exposés ou d'écrits, les liens qui existent entre l'acquisition de compétences et la satisfaction de besoins, il est souvent préférable d'amener les étudiants à se rendre compte eux-mêmes de l'existence de tels liens. La méthode des discussions peut s'avérer un bon moyen pour faciliter une telle prise de conscience.

Il serait toutefois erroné de croire que seuls des moyens verbaux peuvent être utilisés pour expliciter des chaînes d'expectatives appropriées. Un diaporama, un vidéo ou une visite sur le terrain illustrant des tâches que permettra d'accomplir l'acquisition de compétences données peuvent constituer des activités susceptibles de provoquer la formation de chaînes d'expectatives.

*Utiliser des méthodes d'enseignement qui permettront la satis-
faction des besoins de l'individu.*

Il nous faut convenir qu'il est relativement facile pour l'adulte de
saisir les liens qui existent entre apprentissage, compétences, tâches,
buts et satisfaction de besoins. L'adulte sait que tel cours entraînera
la sécurité d'emploi, que tel diplôme entraînera l'estime de soi et celle
des autres, ou encore que telle activité qui lui est proposée satisfera
sa curiosité. Ce n'est toutefois pas toujours le cas pour l'enfant ou
l'adolescent à qui l'on s'efforce d'enseigner des compétences qu'il utilisera, peut-être, dans dix, quinze ou vingt ans.

Ce problème peut heureusement être résolu en partie par le choix
de méthodes d'enseignement comportant des activités liées à la satisfaction de besoins. La méthode des tournois et celle des jeux éducatifs
favorisent la compétition (besoins d'appartenance et d'estime). La
méthode de l'enseignement par les pairs favorise les besoins d'appartenance à un groupe, les besoins d'amitié et d'estime de soi (au moins
pour le tuteur d'un sous-groupe). La méthode des projets favorise la
réalisation de soi et le besoin d'appartenance (lorsque le projet est
réalisé en groupe). La méthode des laboratoires, lorsqu'elle est utilisée
convenablement, incite à la curiosité. Certaines formes d'enseignement
individualisé favorisent la curiosité et le dépassement de soi. Ces
méthodes, parce qu'elles comportent des activités liées à la satisfaction
possible de besoins fondamentaux, favorisent l'acquisition de compétences particulières.

Varier les méthodes d'enseignement et les stimuli.

Nous avons surtout examiné, dans la première partie de ce chapitre, les conséquences de la perception d'un écart positif ou négatif
entre une situation désirée et une situation actuelle, laissant pour
compte l'analyse de la condition où la situation existante est perçue
comme équivalente à la situation désirée. Un tel état peut être assimilé
à celui d'une absence de stimulation de l'individu. À ce sujet, les chercheurs ont démontré que l'absence de stimulation, que l'on peut assimiler en quelque sorte à la présence d'un même stimulus répété continuellement, entraîne différents phénomènes psychologiques qui vont
de la lassitude à l'hallucination. Un tel état de lassitude se vit malheureusement trop souvent dans l'apprentissage lorsqu'on ne varie pas
suffisamment les stimuli présentés et les méthodes d'enseignement. Il
faut donc s'efforcer, dans la mesure du possible, de varier, dans la
conception ou la présentation des activités de formation, les méthodes
d'enseignement utilisées.

Motivation et ampleur de la tâche

Proposer des activités d'apprentissage qui posent des défis.

Plusieurs chercheurs intéressés aux problèmes de la motivation humaine soulignent l'importance de la présence d'un état d'insatisfaction comme moteur de l'action. Selon Beer et Erl (1973): « Toutes les actions créatives accomplies par les hommes procèdent en définitive de leur insatisfaction à l'égard d'un état de choses existant, qu'ils ont voulu changer dans un sens positif. » Ce fait peut être interprété au moyen de la réflexion des pages précédentes. En effet, nous devons admettre que la génération de plans susceptibles de combler l'écart entre une situation existante et une situation désirée ne se fera que dans la mesure où une certaine insatisfaction sera vécue par l'individu[8].

Dans bien des cas, la difficulté de la tâche d'apprentissage peut être attribuée à l'absence de préalables chez l'étudiant (d'où l'importance d'un enseignement qui tienne compte des préalables et dont le contenu est structuré). Le peu de motivation rencontrée chez l'étudiant faible en mathématiques est souvent, en dernière analyse, causé par la non-maîtrise des préalables nécessaires à l'accomplissement de la tâche proposée. Dans certains cas, l'ampleur de la tâche d'apprentissage est tellement grande qu'elle peut supposer des années de récupération.

Motivation et attitude positive vis-à-vis de l'apprentissage

Concevoir des activités qui procurent des émotions agréables.

Si nous considérons la motivation comme l'effort que l'individu est prêt à investir pour se procurer des émotions agréables, nous devons nous interroger sur les activités à concevoir pour susciter de telles émotions. La plupart du temps, durant l'apprentissage, il y a émotion agréable lorsque l'individu perçoit qu'il progresse vers la maîtrise d'une compétence donnée. Dans bien des cas, nous pouvons comparer ces émotions agréables au phénomène du renforcement positif tel qu'il est

---

8. Ce phénomène peut être expliqué partiellement par la prise en compte des besoins d'estime et de réalisation de soi de l'individu. En effet, nous pouvons supposer que l'individu évitera une tâche dont l'accomplissement a peu de chances de satisfaire ces besoins — ce qui risque de se produire si l'individu se voit devant l'impossibilité d'accomplir la tâche ou encore s'il accomplit une tâche dont il juge l'importance négligeable.

décrit dans la théorie du conditionnement opérant[9]. Ces renforcements se produisent à la suite de réponses fournies par l'étudiant à des exercices ou à des problèmes, lors de l'atteinte d'un objectif ou lors de la complétion d'une unité ou d'une leçon. L'éventualité de telles émotions agréables doit être envisagée par celui qui interagit avec le système d'enseignement puisque, en plus de l'inciter à fournir l'effort pour se procurer de nouvelles émotions, ces émotions entraînent chez lui, lorsqu'elles surgissent, le développement d'attitudes positives vis-à-vis de l'apprentissage lui-même.

En effet, nous avons mentionné, dans la première partie du chapitre que, chez un individu, la représentation de la situation existante avait deux composantes principales: une composante externe et une composante interne. Cette composante interne de la situation existante comporte, en outre, de l'information que possède l'étudiant relativement à sa capacité de générer des plans susceptibles de combler l'écart entre une situation existante (structure cognitive actuelle) et une situation désirée (structure cognitive désirée). Nous devons donc admettre, dans ce cas, l'importance pour l'étudiant d'adopter une attitude positive vis-à-vis de sa propre capacité de traiter adéquatement l'information (Bloom, 1979, p. 149). Dans le cadre de notre approche, une telle attitude ne se développera que si l'étudiant a déjà éprouvé des émotions agréables en apprenant.

Développement d'attitudes

Si nous acceptons de définir une attitude comme une « disposition interne de l'organisme qui affecte le choix d'actions personnelles ou d'objets », nous pouvons songer à différentes façons de les faire acquérir. Nous pouvons utiliser, entre autres, la *méthode directe*, le *modeling* et l'*argumentation* (Gagné, 1984). Dans les trois cas, des attitudes positives ou négatives vis-à-vis de certaines tâches, de certaines situations ou de certains objets s'installent chez l'individu lorsqu'il vit des émotions agréables ou désagréables dans de telles situations.

Méthode directe.   Il s'agit, dans ce cas, de récompenser directement les comportements désirés ou de faire en sorte qu'ils procurent des émotions agréables. En éprouvant des émotions agréables lorsqu'il accomplit une tâche, l'individu développe des attitudes positives vis-à-vis de cette tâche. Mais, comme nous l'avons souligné précédemment,

---

9. Voir George (1983) à ce sujet.

pour qu'il y ait émotion agréable, il faut qu'il y ait satisfaction de besoins ou anticipation de la satisfaction de besoins. Si l'on veut faire acquérir à l'apprenant des attitudes par la méthode directe, il faut donc d'abord identifier ses besoins ou, ce qui est plus simple, identifier des gratifications possibles. Cette méthode directe d'acquisition d'attitudes peut être appliquée dans le cadre de sessions de formation, de leçons, de cours ou de programmes de formation, mais surtout dans le milieu de travail, comme nous le verrons plus loin dans le texte.

Modeling.   Il s'agit ici d'un apprentissage par imitation. Dans ce cas, il faut, dans un premier temps, identifier un ou des modèles ou idoles du participant (athlète reconnu, dirigeant du pays, étudiant influent). Par la suite, il faut montrer le modèle en train d'exécuter le comportement désiré et éprouvant de la satisfaction (des émotions agréables) à exécuter ce comportement. Il a été démontré que le participant choisira d'agir comme son modèle.

Argumentation.   Il s'agit, dans ce cas, d'amener l'apprenant à saisir l'importance d'adopter certains comportements. Nous pouvons utiliser, entre autres, la méthode des jeux de rôles et celle des discussions. Dans le premier cas, il s'agit de faire jouer certains rôles aux participants. Ils éprouvent alors, dans le jeu de rôles, des émotions agréables ou désagréables, ce qui entraîne des attitudes positives ou négatives vis-à-vis du comportement en question.

Il est aussi possible de faire discuter les participants sur des thèmes choisis tels que: les effets néfastes de la ségrégation raciale, les avantages et les inconvénients d'un enseignement individualisé ou d'une planification systématique de l'enseignement. Dans ce cas, on peut expliquer l'acquisition d'attitudes positives par le fait que le participant va éprouver, dans les situations vécues, des émotions agréables ou désagréables.

Pour que les compétences que l'on désire faire acquérir à l'apprenant s'installent et persistent dans le temps, il faut que l'utilisation de ces compétences soit gratifiante. Voyons comment les techniques du renforcement, du modeling, des jeux de rôles et des discussions peuvent être avantageusement utilisées pendant et après la formation.

Pendant la formation

D'abord, pour chaque nouveau cours à développer il faut s'interroger non seulement sur la façon de faire atteindre les objectifs de type cognitif, mais sur la façon de faire atteindre les objectifs de type affectif (attitudes).

Durant les activités de formation, les compétences enseignées doivent être renforcées toutes les fois qu'elles sont utilisées adéquatement par l'apprenant. Généralement, la gratification se fait par des feed-back positifs fournis aux participants lors de la réussite d'exercices proposés. Par exemple, lors d'études de cas, quand on demande aux participants de présenter leurs travaux au groupe et que l'animateur et les autres participants montrent de l'approbation pour les meilleurs travaux, des émotions agréables sont vécues par les membres du groupe qui présentent leurs travaux et des attitudes positives vis-à-vis des compétences ou des tâches à accomplir s'installent.

La sélection d'animateurs qui peuvent servir de modèles aux participants s'avère aussi très importante dans l'application du principe du modeling. Ces animateurs doivent être des experts en la matière pour que leur influence soit déterminante.

Pour synthétiser cette brève réflexion relative aux moyens à privilégier pour favoriser l'acquisition d'attitudes positives pendant la formation, indiquons qu'il faut donc:

Renforcer les comportements que l'on désire voir installés;

Utiliser des modèles (à commencer par l'animateur);

Utiliser des jeux de rôles et des discussions.

Après la formation

La première tâche à réaliser lors de l'élaboration d'activités de formation devrait consister à se demander si l'utilisation des compétences que l'on désire faire maîtriser par l'apprenant sera renforcée une fois la formation achevée. Des attitudes positives vis-à-vis des compétences acquises ne persisteront que si le milieu de vie gratifie l'emploi de ces compétences. En accomplissant une tâche donnée, l'employé doit y voir son profit. Il doit se rendre compte que l'accomplissement de cette tâche entraînera, à court ou à long terme, la reconnaissance, la satisfaction de soi, de meilleures conditions de vie, etc. Le fait qu'un projet de formation échoue peut souvent être attribué à l'absence de gratification dans le milieu de travail.

Ainsi, pour que des attitudes positives vis-à-vis des compétences nécessaires à une alimentation équilibrée persistent chez l'étudiant, il faut créer un environnement qui appuie les attitudes enseignées dans le cours. Cette action commence par des décisions relatives aux mets que les distributrices automatiques de l'école offriront et va jusqu'à l'organisation de campagnes visant à faire acquérir aux parents eux-mêmes les attitudes appropriées[10].

Pour synthétiser cette brève réflexion relative à un environnement susceptible de favoriser la persistance d'attitudes positives, nous dirons donc qu'il faut:

Organiser le milieu de travail ou le milieu de vie de telle sorte qu'il appuie les attitudes acquises pendant la formation.

On pourra y parvenir: a) en identifiant des gratifications possibles (promotions, augmentations de salaire, etc.); b) en concevant et en implantant un système de gratifications; c) en évaluant et en corrigeant le système au besoin.

Choisir des participants qui peuvent servir de modèles.

En effet, si les participants sélectionnés peuvent agir comme modèles, les attitudes qu'ils auront acquises se transmettront plus aisément.

RÉSUMÉ

La conception et la présentation d'activités de formation exigent plus que des connaissances relatives à la démarche cognitive de la personne qui apprend. Une connaissance adéquate de la composante affective de cette personne est nécessaire.

La compréhension de la composante affective suppose la connaissance de concepts tels que ceux de besoins, d'expectatives, d'émotions, de valeurs, d'attitudes et de motivation. Elle suppose aussi la compréhension de la relation qui existe entre ces concepts.

Les besoins de l'individu sont à la source de la plupart de ses actions. Les expectatives sont la représentation mentale d'états susceptibles de satisfaire les besoins. On emploie une bonne part de notre existence à élaborer des chaînes d'expectatives dont l'actualisation permettra la satisfaction de nos besoins fondamentaux.

---

10. Il est en effet important que les parents adoptent eux-mêmes les attitudes à faire acquérir dans ce cas, puisqu'ils agissent habituellement comme modèles auprès de leurs enfants.

Pour demeurer en équilibre avec son milieu, un être humain compare continuellement la réalité à ses attentes. Lorsqu'il y a écart entre les deux, le système physiologique est activé. Cette activation est suivie d'une évaluation cognitive par l'individu. Généralement, une émotion agréable ou désagréable ressort de cette évaluation cognitive positive ou négative.

Quand, lors de l'accomplissement d'une tâche ou de l'interaction avec un objet ou une situation quelconque, un individu éprouve des émotions agréables ou désagréables, il développe une attitude positive ou négative vis-à-vis de ces objets, de ces tâches ou de ces situations.

Pour combler l'écart entre la situation existante et ses attentes, l'individu élabore des plans. Ses valeurs influencent le choix des actions à poser lors de l'élaboration de ces plans.

La motivation peut être définie comme l'effort que l'individu est prêt à fournir pour satisfaire ses besoins ou encore pour se procurer les émotions agréables liées à la satisfaction de ses besoins. Elle est fonction de l'intensité des besoins de l'individu, de l'ampleur de la tâche à accomplir et des succès obtenus lors d'accomplissements antérieurs de la tâche.

La dynamique de la composante affective joue dans l'apprentissage de la même façon qu'elle joue dans la vie de tous les jours.

L'apprentissage permet l'acquisition de compétences. Les compétences permettent l'accomplissement de tâches usuelles. L'accomplissement de tâches permet l'actualisation des expectatives intermédiaires qui, elles, permettent l'actualisation des expectatives primaires. L'actualisation des expectatives primaires permet la satisfaction des besoins.

La motivation de l'apprenant est fonction d'au moins trois facteurs importants: l'intensité de ses besoins, l'ampleur de la tâche d'apprentissage et l'attitude vis-à-vis de cette tâche. Il importe de maximiser ces facteurs pendant la formation.

Chapitre 7 _____

Application à la formation

Mais sans technique un don n'est rien qu'un' sal' manie[1].
(Brassens, *La mauvaise réputation*, 1954)

_____

1. Ce vers de Brassens pourrait s'appliquer au domaine de la formation si l'on changeait
   « un don » pour « une théorie »...

INTRODUCTION _____

Nous avons formulé, dans les chapitres précédents, des suggestions relatives à la conception et à l'animation de composantes particulières d'une activité de formation. Ainsi, des suggestions ont été faites relativement à la définition des objectifs pédagogiques, à la structuration du contenu d'un cours et au choix de méthodes d'enseignement appropriées. Ces suggestions, que nous avons synthétisées sous forme de questions dans l'annexe B, peuvent être utiles à l'enseignant dans sa préparation de classe, mais elles peuvent d'abord être intégrées au processus global de conception d'un cours[2].

CONCEPTION SYSTÉMATIQUE
D'UNE ACTIVITÉ DE FORMATION _____

La façon dont les informations sont transmises aujourd'hui a considérablement changé depuis le temps où les humains vivaient exclusivement de la culture du sol ou de la chasse et de la pêche. Alors qu'il

_____

2. Pour une étude détaillée du processus de conception d'un système de formation dans le cadre de l'approche de Gagné et Briggs, le lecteur est invité à consulter Brien (1989) et Brien et Dorval (1986).

n'y a que quelques siècles le savoir était véhiculé oralement et la plupart du temps sur une base individuelle, il est maintenant transmis sous une multitude de formes qui vont du simple texte programmé aux moyens de communication de masse pouvant accommoder des centaines d'individus à la fois.

Non seulement les modes de transmission du savoir se sont transformés, mais la façon de concevoir et de préparer des activités de formation a beaucoup évolué. Toute une technologie a été développée permettant l'étude systématique des besoins en formation, la définition des objectifs pédagogiques, la structuration d'un contenu, le choix des méthodes et des médias d'enseignement ainsi que l'évaluation de la formation elle-même. Ces techniques ont été regroupées et sont utilisées dans ce que l'on a convenu d'appeler la *conception systématique d'un enseignement*. Cette préparation a généralement lieu à la suite d'étapes décrites à la figure 13.

Figure 13: *CONCEPTION SYSTÉMATIQUE D'UN ENSEIGNEMENT*

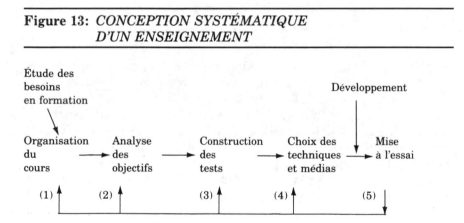

Étude des besoins en formation

Par consultation auprès des agents intéressés, le concepteur d'activités de formation tente d'expliciter les compétences dont le cours ou le programme d'études à développer devra faciliter l'apprentissage. Ceci correspond au point de départ de la préparation systématique d'un enseignement.

Exemple

À cause de certaines pressions provenant des parents, des autorités gouvernementales et des enseignants eux-mêmes, il a été décidé que les programmes de certification des enseignants seraient révisés. Une étude des besoins est donc conduite auprès des enseignants, des parents et des dirigeants des commissions scolaires. Un consensus est alors obtenu relativement aux compétences et aux attitudes que l'on désire voir acquérir par les enseignants et les futurs enseignants. Ces compétences sont décrites sous forme d'énoncés généraux, dont l'un pourrait être: « À la fin du programme de formation, les futurs enseignants seront familiers avec les diverses applications pédagogiques de l'ordinateur. »

Organisation du cours

Le concepteur chargé d'élaborer un cours dans un domaine donné procède alors plus explicitement à l'identification des compétences et des attitudes que devra faire acquérir aux apprenants le cours dont il a la responsabilité. Il précise, en collaboration avec un ou des spécialistes du contenu, le ou les buts du cours, les objectifs ou thèmes et les objectifs terminaux des diverses unités du cours (c'est-à-dire des diverses parties du cours). Ces objectifs sont formulés sous forme de performances que devront montrer les apprenants. Nous disons alors du concepteur qu'il procède à l'organisation du cours.

Exemple

L'organisation en matière de buts et d'objectifs d'un cours portant sur les applications pédagogiques de l'ordinateur pourrait se présenter de la façon suivante.

Titre du cours: Le micro-ordinateur et l'enseignement.

Buts du cours:

– Expliquer, dans ses grandes lignes, le fonctionnement de l'ordinateur et de ses diverses applications pédagogiques.

– Montrer une attitude positive vis-à-vis de l'utilisation de l'ordinateur aux fins pédagogiques[3].

Ce cours pourrait comporter deux grandes unités ou parties:

Unité 1: Fonctionnement global et historique de l'ordinateur.

Unité 2: Applications pédagogiques de l'ordinateur.

À l'intérieur de la première unité, les objectifs terminaux pourraient être:

1.1.   Décrire le fonctionnement global d'un ordinateur et de ses principales composantes. (L'étudiant n'aura pas droit aux notes de cours. Dans sa description [en deux ou trois pages], il devra s'en tenir au contenu présenté au cours.)

1.2.   Rédiger un bref historique de l'ordinateur et de ses applications dans l'enseignement. (L'étudiant n'aura pas droit aux notes de cours. Il devra tracer [en deux ou trois pages], l'historique de l'ordinateur en respectant les grandes lignes suggérées en classe de même que les définitions proposées.)

Analyse des objectifs terminaux

Lorsque l'organisation du cours est terminée, le concepteur procède à l'analyse des objectifs terminaux des différentes composantes ou unités du cours. Cette tâche a pour but d'identifier les éléments de contenu nécessaires à l'atteinte des objectifs terminaux et à rechercher une séquence d'enseignement appropriée. La table des matières pédagogiques ci-dessous fait ressortir la macrostructure du cours, les différentes connaissances à faire acquérir et l'ordre dans lequel on fera acquérir ces connaissances:

LE MICRO-ORDINATEUR
Introduction
    Concept de micro-ordinateur
    Macrostructure du cours

---

3. Le cours sera conçu de telle sorte que l'apprenant vive des émotions positives tout au long du cours. Celles-ci se traduiront par des attitudes positives vis-à-vis de l'application pédagogique de l'ordinateur. (Voir le chapitre précédent à ce sujet.)

Composantes physiques (hardware)
   Composantes internes
      Micro-processeurs
         Unité de contrôle
         Unité arithmétique et logique
      Mémoire centrale
      Mémoire vive
      Mémoire de masse
      Interfaces
   Composantes externes
      Unités d'entrée
      Unités de sortie
      Unités d'entrée-sortie
Logiciel (software)
   Logiciels de base
      Langage machine
      Langage assembleur
      Langages évolués
   Logiciels d'application
      Progiciels
      Didacticiels

Construction des tests

C'est à cette étape-ci que le concepteur construit les éléments d'évaluation ainsi que les différents tests (test de préalable, pré-test, post-test)
qu'on utilisera pour vérifier l'efficacité du cours lors de la mise à l'essai.
Les questions dont se composent ces différents tests seront évidemment
compatibles ou congruentes avec différents objectifs du cours.

Exemple

Des exemples de questions compatibles ou congruentes avec les objectifs terminaux 1.1. et 1.2. pourraient être:

  a) Décrivez le fonctionnement global d'un ordinateur et de ses prin-
     cipales composantes, comme on vous l'a présenté au cours.

  b) Rédigez un bref historique de l'ordinateur et de ses utilisations
     dans l'enseignement.

Choix des méthodes d'enseignement

Maintenant le concepteur a en main tous les éléments qui lui permettent de faire le choix des méthodes appropriées. Pour effectuer ce choix, il se basera sur l'objectif ou les objectifs terminaux du cours.

Le choix consistera à identifier des méthodes qui faciliteront la motivation, le montage et le rodage des compétences qui figurent dans la table des matières pédagogiques. Il s'agira ensuite de rédiger le scénario du cours ou de la leçon visant à faire acquérir ces compétences. Par la suite, ce scénario servira à l'élaboration d'un prototype qui sera mis à l'essai auprès d'une clientèle restreinte.

Exemple

En ce qui a trait au module 1 — qui doit faciliter l'atteinte de l'objectif 1.1. (Décrire le fonctionnement global de l'ordinateur et de ses principales composantes) —, un bref exposé sera d'abord fait aux apprenants en classe relativement au contenu du module. Les apprenants se familiariseront par la suite avec la structure de l'ordinateur au moyen d'un texte didactique[4]. Après lecture de ce texte, les apprenants se rendront au laboratoire où des exercices automatisés portant sur cette partie du cours leur seront proposés[5].

Mise à l'essai

Enfin, le concepteur sélectionne une clientèle restreinte auprès de laquelle le cours développé est mis à l'essai. Puis, au besoin, des corrections ou ajustements sont apportés aux différentes parties du cours qui pourraient se révéler inefficaces.

---

4. Une esquisse du texte à construire figure à la fin de ce chapitre.
5. On portera une attention particulière au choix des exercices afin de ne pas frustrer l'apprenant. L'activité sera conçue de façon à lui procurer des émotions agréables.

ESQUISSE D'UN TEXTE DIDACTIQUE _____

Le micro-ordinateur

Introduction

Pour simplifier la chose, on peut considérer le micro-ordinateur comme un appareil électronique permettant d'exécuter certaines tâches logiques et arithmétiques au moyen d'un ensemble d'instructions préalablement définies. On appelle « programme » ces ensembles d'instructions. Celles-ci contiennent une ou plusieurs opérations à exécuter (addition, soustraction, comparaison, etc.).

Concepts de micro-ordinateur et de programme

Nous classerons les composantes d'un micro-ordinateur en deux groupes: les *composantes physiques* ou, si vous préférez, la quincaillerie (*hardware*) et le *logiciel* ou, si vous préférez, les programmes qu'exécute un micro-ordinateur (*software*). Nous examinerons d'abord les composantes physiques du micro-ordinateur pour ensuite nous intéresser à son logiciel.

Macro-structure du texte

Composantes physiques du micro-ordinateur

Le système de demandes spéciales de la ville de Saint-Clapet

Pour bien comprendre ce qu'est un micro-ordinateur et la façon dont il fonctionne, on peut faire appel à une analogie.

Imaginez, dans la ville de Saint-Clapet, qu'il soit possible d'écouter, sur demande et en direct, ses pièces de musique classique préférées, et même d'observer sur son appareil TV l'orchestre qui exécute ces pièces musicales. Ce système de demandes spéciales peut être illustré comme ci-dessous.

Analogie utilisée pour expliquer les composantes et le fonction-nement du micro-ordinateur

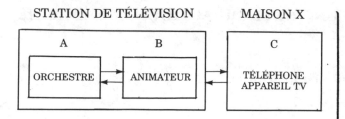

Dans le diagramme, « A » représente un orchestre avec son chef et ses musiciens, « B » représente la salle de réception des demandes spéciales et son animateur par l'intermédiaire duquel Alphonse et Mandine peuvent acheminer leurs demandes spéciales au chef d'orchestre. « C » symbolise le salon d'Alphonse et de Mandine, qui est équipé d'un poste de télévision et d'un appareil téléphonique d'où partent les demandes spéciales. Finalement, les flèches symbolisent l'information qui circule dans le système.

L'analogie réfère au système de « demandes spéciales » que certaines chaînes radiophoniques offrent à leurs auditeurs

Acheminement, exécution et diffusion d'une demande spéciale

Lorsque Alphonse ou Mandine désirent entendre la « Symphonie inachevée », ils formulent une demande à l'animateur qui transmet la partition désirée au chef d'orchestre. Ce dernier dirige alors les musiciens dans l'exécution de la pièce demandée en s'inspirant de la partition qu'il a devant lui. Des sons et des images sont alors enregistrés et acheminés chez Alphonse et Mandine.

Composantes physiques principales d'un micro-ordinateur

Un micro-ordinateur ressemble un peu au système de demandes spéciales de Saint-Clapet. Pour le moment, et toujours pour simplifier les choses, nous conviendrons qu'un micro-ordinateur a trois composantes internes principales (les composantes qui sont sous le capot du micro-ordianteur) et deux composantes externes (voir le diagramme suivant).

Macro-structure pour présenter les composantes physiques du micro-ordinateur

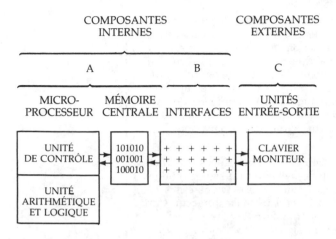

La partie « A » du diagramme représente l'unité centrale de l'ordinateur ou, si l'on veut, le cerveau du micro-ordinateur. C'est là que sont exécutés les programmes ou les ensembles d'instructions que l'on a fournis à l'ordinateur. Cette partie est elle-même composée de deux composantes fondamentales: le microprocesseur et la mémoire centrale.

Concept d'unité centrale

1) Le microprocesseur est une composante qui se charge: a) d'interpréter les instructions à exécuter (identifier s'il s'agit d'additions, de soustractions, de comparaisons, etc.) et b) d'exécuter ces opérations. Nous pouvons comparer le microprocesseur au couple chef d'orchestre et musiciens de l'orchestre de Saint-Clapet si l'on convient que le chef d'orchestre interprète la partition et que les musiciens l'exécutent[6].

Concept de microprocesseur

2) La mémoire centrale est l'endroit où sont emmagasinées les instructions que le microprocesseur devra interpréter et exécuter. Nous pouvons comparer la mémoire centrale au support sur lequel est inscrite la partition dont s'inspire le chef d'orchestre et la partition elle-même au programme à exécuter.

Concept de mémoire centrale

---

6. Ainsi, de la même façon que, dans un orchestre, les fonctions d'interprétation et d'exécution de la partition sont accomplies par des composantes différentes — le chef d'orchestre qui interprète la partition et les musiciens qui l'exécutent —, il y aura, dans un microprocesseur, deux composantes principales: l'unité de contrôle du microprocesseur se chargera de lire et d'interpréter les instructions en mémoire centrale (plus précisément, c'est l'unité de contrôle qui déterminera s'il s'agit d'additions, de soustractions, de comparaisons, etc. à exécuter) et les acheminera vers l'unité arithmétique et logique où ces instructions seront exécutées.

La partie « C » du schéma symbolise les unités d'entrée et de sortie du micro-ordinateur. Le clavier sur lequel on tape les instructions à faire exécuter est une unité d'entrée et le moniteur par lequel on reçoit les résultats du programme une fois exécuté est une unité de sortie. Nous pouvons comparer le clavier à l'appareil téléphonique au moyen duquel on achemine les demandes spéciales et le téléviseur au moniteur sur lequel on observe le résultat de l'exécution des programmes.

Concept d'unités d'entrée-sortie

La partie « B » symbolise les interfaces. Ces dernières consistent en circuits électroniques qui rendent possible la communication des informations entre les unités d'entrée-sortie et le cerveau de l'ordinateur. Certaines de ces interfaces transforment les ordres que vous tapez au clavier en signaux électriques compréhensibles par le cerveau du micro-ordinateur, alors que d'autres transforment les ordres exécutés en images et en textes qui apparaissent sur le moniteur (nous reviendrons plus tard sur ce sujet). Les interfaces jouent en quelque sorte le rôle d'animateur de la station de télédiffusion qui rend possible la communication entre les abonnés et le chef d'orchestre.

Concept d'interface

Acheminement et exécution d'un programme

Lorsqu'un utilisateur désire faire exécuter une tâche par le micro-ordinateur, il rédige un programme (un ensemble d'instructions) qu'il tape au clavier (unité d'entrée). Ce programme est alors acheminé, à partir de l'interface appropriée, vers la mémoire centrale.

Les instructions du programme sont alors lues et interprétées par l'unité de contrôle du microprocesseur et acheminées vers l'unité arithmétique et logique pour être exécutées. Les résultats de cette exécution sont emmagasinés en mémoire centrale et retransmis par une unité de sortie adéquate à partir d'une interface appropriée.

Description du fonctionnement (processus)

Chapitre 8

Conclusion

L'incompétence n'a pas de frontières, ni dans le temps ni dans l'espace.
(Peter et Hull, *Le principe de Peter*, 1970)

Dans son ouvrage de prospective *Megatrends*, John Naisbitt note l'augmentation considérable du nombre des travailleurs reliés au domaine de l'information aux États-Unis[1]. Alors que ces derniers constituaient 17 % de la main-d'œuvre en 1950, ils en représentent 60 % en 1982 (Naisbitt, 1982). Une telle demande en main-d'œuvre n'est pas sans causer d'incidence sur la formation et, pour répondre à cette demande dans les années qui viennent, les façons de faire pédagogiques devront être révisées. Des transformations seront nécessaires en aval et en amont de la conception des systèmes de formation.

Les techniques utilisées actuellement devront être modifiées de façon à réduire le temps de conception d'un système de formation et, à ce titre, le rôle de l'ordinateur devra dépasser celui de traiteur de texte qu'il occupe actuellement. On devra concevoir des logiciels susceptibles d'aider le concepteur dans l'étude des besoins en formation, la formulation des objectifs d'un cours, l'analyse et la structuration du contenu, le choix de méthodes et de médias d'enseignement appropriés et l'évaluation. De tels logiciels existent, mais ils ne permettent que l'accomplissement de tâches superficielles. Si l'on admet que des tâches ne peuvent être automatisées que dans la mesure où elles sont décrites de façon suffisamment précise, et qu'une telle description nécessite des

---

1. L'auteur cite les travailleurs suivants: « programmeurs, enseignants, employés de bureau, secrétaires, comptables, courtiers, gestionnaires, salariés de l'assurance, fonctionnaires, avocats et techniciens ».

fondements théoriques appropriés, force est d'admettre que les bases actuelles de la technologie de l'enseignement sont insuffisantes.

En effet, ce sont les fondements mêmes de la technologie de l'enseignement qui devront être repensés dans les prochaines années, et ce, à notre avis, à partir des résultats des recherches effectuées dans les sciences cognitives. Il faut d'abord convenir que la seule maîtrise d'un savoir donné et l'application de techniques pédagogiques sont insuffisantes pour la production d'un enseignement de qualité. Comme nous l'avons souligné dans cet ouvrage, concevoir un système de formation revient à mettre en place un ensemble d'activités qui permettent à l'apprenant de transformer une structure cognitive existante en une structure cognitive plus appropriée. Une telle tâche relève de la résolution de problèmes et suppose, chez le concepteur, une représentation le plus juste possible de la façon dont un être humain emmagasine, se représente et utilise l'information. L'accomplissement de cette tâche suppose aussi une connaissance adéquate du rôle de l'affectivité dans l'apprentissage. La maîtrise d'un modèle mental approprié de l'apprenant nous apparaît être la pierre angulaire d'un enseignement de qualité.

Nous avons tenté de montrer, dans les chapitres précédents, comment les techniques utilisées actuellement pour la formulation des objectifs d'activités de formation, pour la structuration du contenu d'un cours et pour le choix de méthodes appropriées pouvaient être envisagées dans le contexte des sciences cognitives. Les suggestions faites demeurent toutefois hypothétiques: les concepts proposés évolueront au même titre que la science cognitive elle-même. Toutefois, si les quelques hypothèses suggérées incitent le lecteur à s'intéresser à la nouvelle science, qu'il soit concepteur, enseignant ou chercheur, notre but aura été atteint.

Bibliographie ──────────────────────

ALBUS J. (août 1979), « A model of the brain for robot control », *BYTE*.

ANDERSON, J. R. (1981), « Concepts, propositions, and schemata: What are the cognitive units? », *Nebraska Symposium on Motivation*, vol. 28, Lincoln: University of Nebraska Press.

ANDERSON, J. R. (1983), *The Architecture of Cognition*, Cambridge, Massachusetts: Harvard University Press.

ANDERSON, R. C. (novembre 1984), « Some reflections on the acquisition of knowledge », *Educational Researcher*.

ANDERSON, J. R. (1985), *Cognitive Psychology and its Implications* (2ᵉ éd.), San Francisco: W. H. Freeman.

ANDERSON, J. R. (1986), « Production systems, learning, and tutoring », *Production System Models of Learning and Development*, Cambridge, Massachusetts: The MIT Press.

AUSUBEL, D. P. (1968), *Educational Psychology: A Cognitive View*, New York: Holt, Rinehart and Winston.

BACH, R. (1973), *Jonathan Livingston le goéland*, Paris: Flammarion.

BAUDET, S. (1990), « Relative importance of information and retrieval from memory », *Learning and Instruction* (H. Mandl, E. De Corte, N. Bennet et H. F. Friedrich, édit.), vol. 22, Londres: Pergamon Press.

BEER, U. et W. ERL (1973), *Épanouissement de la créativité*, Sherbrooke, Canada: Les Éditions Paulines.

BERSINI, H. (1990), « Before and after breakdowns », Actes du quatrième colloque international « Progrès de la recherche cognitive », Paris: Association pour la Recherche Cognitive.

BERLYNE, D. E. (1965), *Structure and Direction in Thinking*, New York: Wiley.

BLOOM, B. S. (1969), *Taxonomie des objectifs pédagogiques*, Montréal: Éducation Nouvelle.

BLOOM, B. (1979), *Caractéristiques individuelles et apprentissage scolaire*, Paris: Fernand Nathan.

BONNET, A. (1984), *L'intelligence artificielle: Promesses et réalités*, Paris: InterÉditions.

BONNET, C., J. M. HOC et G. TIBERGHIEN (1986), *Psychologie, intelligence artificielle et automatique*, Bruxelles: Pierre Mardaga Éditeur.

BOUCHARD, C. (1989), *Types d'événements d'enseignement préparatoires présentés à l'étudiant*, thèse de doctorat en préparation, Québec: Université Laval.

BOWER, G. H. (1975), « Cognitive psychology: An introduction », *Handbook of Learning and Cognitive Processes* (vol. 1), Hillsdale, New Jersey: Lawrence Erlbaum Associates.

BRIEN, R. (mai 1983), « Sequencing instruction: A cognitive science perspective », *Programmed Learning and Educational Technology*.

BRIEN, R. (1985), « Analyse de compétences humaines: Une perspective cognitive », *La technologie éducative et le développement humain: Actes du Colloque du CIPTE* (261-269) (J. Vazquez-Abad et J. Y. Lescop, édit.), Québec: Télé-université, Université du Québec.

BRIEN, R. (novembre 1987), « Apport des sciences cognitives à la conception d'activités de formation motivantes », *Technologie et communication éducatives: Actes du Colloque du CIPTE* (289-300) (J. Y. Lescop, édit.), Québec, Canada: Télé-université, Université du Québec.

BRIEN, R. (1989), *Design pédagogique: Introduction à l'approche de Gagné et de Briggs* (2ᵉ éd.), Québec: Les Éditions Saint-Yves.

BRIEN, R. et E. DORVAL (1986), *Le choix des méthodes d'enseignement: Guide pratique* (rapport nº 128), Québec: Université Laval, Département de technologie de l'enseignement.

BRIEN, R. et P. DUCHASTEL (novembre 1986), « Cognitive task analysis underlying the specification of instructional objectives », *Programmed Learning and Educational Technology*.

BRIGGS, L. (1977), *Instructional Design: Principles and Applications*, New Jersey: Educational Technology Publications.

BRUNER, J. S. (1967), *Toward a Theory of Instruction*, Cambridge, Massachussetts: The Belknap Press of the Harvard University Press.

BRUNER, J. S., J. J. GOODNOW et G. A. AUSTIN (1956), *A Study of Thinking*, New York: Wiley.

CARD, S. K., T. P. MORAN et A. NEWELL (1983), *The Psychology of Human-computer Interaction*, Hillsdale, New Jersey: Lawrence Erlbaum Associates.

CHAIB-DRAA, B., R. MANDIAU et P. MILLOT (1990), « Un modèle d'agent rationnel basé sur les états intentionnels », Actes du quatrième colloque international « Progrès de la recherche cognitive », Paris: Association pour la Recherche Cognitive.

CHANGEUX, J. P. (1983), *L'homme neuronal*, Paris: Fayard.

CHOMSKY, N. (septembre 1956), « Three models of the description of language », *IRE Transactions on Information Theory* (113-124).

COFI, I. M. (1972), *Introduction to Logic* (4ᵉ éd.), New York: Macmillan.

CRÉPAULT, J. (1989), *Temps et raisonnement*, Lille: Presses Universitaires de Lille.

DEMAILLY, A. et J. L. LE MOIGNE (1986), *Sciences de l'intelligence et sciences de l'artificielle*, Lyon: Presses Universitaires de Lyon.

DENIS, M. (1987), « Imagerie visuelle et répétition mentale », *Recherches en psychologie du sport* (A. Vom Hofe et R. Simonnet, édit.), Issy-les-Moulineaux: Éditions E. A. P.

DENIS, M. (1989), *Image et cognition*, Paris: Presses Universitaires de France.

D'HAINAULT, L. (1980), *Des fins aux objectifs de l'éducation*, Bruxelles: Éditions Labor.

FARRENY, H. (1985), *Les systèmes experts: Principes et exemples*, Toulouse: CEPADUES Éditions.

FITTS, P. M. et M. I. POSNER (1967), *Human Performance*, Belmont, Calif.: Brooks Cole.

FODOR, J. A. (1986), *La modularité de l'esprit*, Paris: Les Éditions de Minuit.

FORTIN, C. et R. ROUSSEAU (1989), *Psychologie cognitive: Une approche de traitement de l'information*, Québec: Presses de l'Université du Québec.

GAGNÉ, R. M. (1962), « The acquisition of knowledge », *Psychological Review* (355-365).

GAGNÉ, R. M. (1976), *Les principes fondamentaux de l'apprentissage*, Montréal: Les Éditions H R W.

GAGNÉ, R. M. (octobre 1980), « Is educational technology in phase? », *Educational Technology*.

GAGNÉ, R. M. (1984), *The Conditions of Learning* (4ᵉ éd.), New York: Holt, Rinehart and Winston.

GAGNÉ, R. M. et L. BRIGGS, *Principles of Instructional Design* (2ᵉ éd.), New York: Holt, Rinehart and Winston.

GALLAIRE, H. (octobre 1985), « La représentation des connaissances », *Revue La Recherche* (1240-1248).

GARDNER, H. (1985), *The Mind's New Science: A History of the Cognitive Revolution*, New York: Basic Books.

GENTNER, D. et D. R. GENTNER (1983), « Flowing waters or teaming crowds: Mental models of electricity », *Mental models* (D. Gentner et A. L. Stevens, édit.), Hillsdale, New Jersey: Lawrence Erlbaum Associates.

GENTNER, D. et A. L. STEVENS (1983), *Mental Models*, Hillsdale, New Jersey: Lawrence Erlbaum Associates.

GEORGE, C. (1983), *Apprendre par l'action*, Paris: Presses Universitaires de France.

GEORGE, C. (1988), « Interaction entre les connaissances déclaratives et les connaissances procédurales », *Les automatismes cognitifs* (Pierre Perruchet, édit.), Bruxelles: Mardaga.

GINESTE, M. D. (1986-1987), « Les analogies et les métaphores: leur rôle dans la compréhension de textes informatifs », *Bulletin de psychologie*, n° 40, p. 473-479.

GIONO, J. (1943), *Rondeur des jours*, Paris: Éditions Gallimard.

HARMOND, P. et D. KING (1985), *Expert Systems*, New York: John Wiley and Sons.

HOC, J. M. (1987), *Psychologie cognitive de la planification*, Grenoble: Presses Universitaires de l'Université de Grenoble.

IZARD, C., J. KOGAN et R. ZAJONC (1984), *Emotions, Cognition and Behavior*, Cambridge: Cambridge University Press.

JOHNSON-LAIRD, P. N. (1983), *Mental Models*, Cambridge, Angleterre: Cambridge University Press.

KELLER, J.M. (1983), « Motivational design of instruction » (C. M. Reigeluth, édit.), *Instructional-Design: Theories and Models* (383-433), New Jersey: Lawrence Erlbaum Associates.

KOESTLER, A. (1968), *Le cheval dans la locomotive*, Paris: Calmann-Lévy.

KOESTLER, A. (1981), *La quête de l'absolu*, Paris: Calmann-Lévy.

KRISHNAMURTI (1969), *Se libérer du connu*, Paris: Éditions Stock.

KRISHNAMURTI (1970), *Aux étudiants*, Paris: Éditions Stock.

LACHANCE, B., J. LAPOINTE et P. MARTON (1979), « Le domaine de la technologie éducative » *Revue de l'Association pour le développement de l'audio-visuel et de la technologie en éducation*.

LANDA, L. N. (1974), *Algorithmization in Learning and Instruction*, Englewood Cliffs, New Jersey: Educational Technology Publications.

LANDA, L. N. (1983) « The algo-heuristic theory of instruction », *Instructional Design Theories and Models* (C. M. Reigeluth, édit.), Hillsdale, New Jersey: Lawrence Erlbaum Associates.

LAZORTHES, G. (1982), *Le cerveau et l'esprit*, Paris: Flammarion.

LE NY, J. F. (1979), *La sémantique psychologique*, Paris: Presses Universitaires de France.

LE NY J. F. (1989), *Science cognitive et compréhension du langage*, Paris: Presses Universitaires de France.

LINDSAY, P. H. et D. A. NORMAN (1977), *Traitement de l'information et comportement humain*, Montréal: Éditions Études Vivantes.

LURIA, A. R. (1973), *The Working Brain*, Londres: The Penguin Press.

LURIA, A. R. (1980), *Higher Cortical Functions in Mann* (2e éd.), New York: Basic Books.

MAGER, R. F. (1977), *Comment définir des objectifs pédagogiques* (2e éd.), Paris: Bordas.

MALGLAIVE G. (1990), *Enseigner à des adultes*, Paris: Presses Universitaires de France.

MANDLER, G. (1984), *Mind and Body*, New York: John Wiley and Sons.

MASLOW, A. H. (1970), *Motivation and Personality* (2ᵉ éd.), New York: Harper and Row.

MILLER, G. A. (1956), « The magical number seven », *Psychological Review* (64-81).

MINSKY, M. (1986), *The Society of Mind*, New York: Simon and Schuster.

NAISBITT, J. (1984), *Les dix commandements de l'avenir (Megatrends)*, Montréal: Les Éditions Primeur.

NEWELL, A. et H. A. SIMON (septembre 1956), « The logic theory machine », *IRE Transactions on Information Theory* (61-79).

NEWELL, A. et H. A. SIMON (1972), *Human Problem Solving*, Englewood Cliffs, New Jersey: Prentice-Hall.

NGUYEN-XUAN, A. et J. F. RICHARD (1986), « L'apprentissage par l'action: l'intérêt des systèmes de production pour formaliser les niveaux de contrôle et l'interaction avec l'environnement », *Psychologie, intelligence artificielle et automatique* (C. Bonnet, J. M. Hoc et G. Tiberghien, édit.), Bruxelles: Pierre Mardaga, Éditeur.

NORMAN, D. A. (1981), « What is a cognitive science? » (D. A. Norman, édit.), *Perspectives on Cognitive Science* (1 11), Hillsdale, New Jersey: Lawrence Erlbaum Associates.

NORMAN, D. A. (1982), *Learning and Memory*, San Francisco: W. H. Freeman.

NORMAN, D. A. (1983), « Some observations on mental models », *Mental Models* (D. Gentner et A. L. Stevens, édit.), Hillsdale, New Jersey: Lawrence Erlbaum Associates.

NORMAN, D.-A., D.-E. RUMELHART et le groupe de recherche LNR (1975), *Explorations in Cognition*, San Francisco: Freeman.

NUTTIN, J. (1980), *Théorie de la motivation humaine*, Paris: Presses Universitaires de France.

PETER, L. J. et R. HULL (1970), *Le principe de Peter*, Paris: Éditions Stock.

PIAGET, J. (1967), *La psychologie de l'intelligence*, Paris: Librairie Armand Colin.

PLUTCHIK, R. et H. KELLERMAN (1980), *Emotion: Theory, Research and Experiences*, New York: Academic Press.

RAMIZOWSKY, A. J. (1980), « Problem solving in instructional design: An heuristic approach », *International Yearbook of Educational Technology 80/81* (A. Howe, édit.), Londres: Kogan Page.

REIGELUTH, C. M., M. D. MERRILL, B. G. WILSON et R. T. SPILLER (1980), « The elaboration theory of instruction: A model for sequencing and synthesizing instruction », *Instructional Science* (195-219).

RICHARD, J. F. (1984), « Résoudre des problèmes au laboratoire, à l'école, au travail », *Psychologie française*, numéro spécial.

RICHARD, J. F. (1985), « La représentation du problème », « Les représentations », *Psychologie française* (277-284) (S. Ehrlich, édit.).

RICHARD, J. F. (1986a), « Traitement de l'énoncé et résolution de problème », *Bulletin de psychologie, jugement et langage, hommages en l'honneur de G. Noizet* (344-351).

RICHARD, J. F. (1986b), « Modèles de traitement de l'information et modèles stochastiques », *Sciences de l'intelligence sciences de l'artificiel* (A. Demailly et J. Lemoigne, édit.), Lyon: Presses Universitaires de Lyon.

RICHARD, J. F. (1990), *Les activités mentales*, Paris: Armand Collin.

ROSENBAUM, D. A., S. B. KENNY et M. A. DERR (février 1983), « Hierarchical control of rapid movement sequences », *Journal of Experimental Psychology: Human Perception and Performance*.

RUMELHART, D. E. (1979), *Analogical Processes and Procedural Representation* (rapport nº 81), San Diego: University of California, Center for Human Information Processing.

RUMELHART, D. E. (1980), « Schemata: The building blocks of cognition », *Theorical Issues in Reading Comprehension* (R. J. Spiro, B. C. Bruce et W. F. Brewer, édit.), Hillsdale, New Jersey: Lawrence Erlbaum Associates.

RUMELHART, D. E. et J. L. MCCLELLAND (1986), *Parallel Distributed Processing: Explorations in the Microstructures of Cognition* (vol. I et II), Cambridge, Massachusetts: MIT Press.

RUMELHART, D. E. et D. A. NORMAN (1978), « Accretion, tuning and restructuring: Three modes of learning », *Semantic Factors in Cognition*, Hillsdale, New Jersey: Lawrence Erlbaum Associates.

RUMELHART, D. E. et A. ORTONY (1977), « The representation of knowledge in memory », *Schooling and the Acquisition of Knowledge* (R. C. Anderson, R. J. Spiro et W. E. Montague, édit.), Hillsdale, New Jersey: Lawrence Erlbaum Associates.

SCHOLER, M. (1983), *La technologie de l'éducation: Concept, bases et applications*, Montréal: Presses de l'Université de Montréal.

SEARLE, J. (1969), *Speech Acts: An Essay in the Phylosophy of Language*, New York: Cambridge University Press.

SIMON, H. A. (1974), *La science des systèmes: Science de l'artificiel*, Paris: Épi Éditeurs.

SIMON, H. A. (1981a), « Cognitive science: The newest science of the artificial », *Perspectives on Cognitive Science* (13-25) (D. A. Norman, édit.), Hillsdale, New Jersey: Erlbaum Associates.

SIMON, H. A. (1981b), *The Sciences of the Artificial* (2e éd.), Cambridge, Massachusetts: The MIT Press.

STOLOVITCH, H. et G. LA ROCQUE (1983), *Introduction à la technologie de l'instruction*, Saint-Jean-sur-Richelieu, Québec: Éditions Préfontaine.

ST-YVES, A. (1982), *Psychologie de l'apprentissage-enseignement*, Québec: Presses de l'Université du Québec.

SUCHMAN, L. A. (1987), *Plans and Situated Actions: The Problem of Human Machine Communication*, New York: Cambridge University Press.

TAYLOR, J. C. et G. EVANS (1985), « The architecture of human information processing: Empirical evidence », *Instructional Science* (347-359).

VARELA, F. J. (1989) *Connaître les sciences cognitives: Tendances et perspectives*, Paris: Éditions du Seuil.

WEISS, P. (1969), « Central versus peripheral factors in the development of coordination », *Perception and Action: Selected Readings* (K. H. Pribam, édit.), Baltimore, Maryland: Penguin Books.

WILENSKY, R. (1983), *Planning and Understanding: A Computational Approach to Human Reasonning*, New York: Addison Wesley.

ZEMKE, R. et T. KRAMLINGER (1987), *Figuring Things Out*, (7e éd.), New York: Addison Wesley.

Intellectica (1984), bulletin de liaison de l'Association pour la Recherche Cognitive, n° 10 Paris.

Annexe A _____

Auto-apprentissage assisté *(adjunct-auto-instruction)*

Alors que, dans le cas des lectures dirigées, le matériel didactique remis à l'apprenant ne consiste, le plus souvent, qu'en lectures à faire, le matériel est ici conçu de manière à forcer la participation de l'apprenant. Dans ce cas, le concepteur a eu soin d'ajouter aux textes déjà existants des questions qu'il a lui-même fabriquées. Ce système est généralement accompagné d'un guide qui suggère à l'apprenant les lectures et les exercices à faire afin d'atteindre les objectifs visés.

Démonstration

Méthode d'enseignement utilisée pour illustrer un principe, un processus ou un mouvement quelconque. La démonstration consiste le plus souvent en la présentation par l'instructeur de ressources telles que des maquettes, des appareillages divers, des films, des diaporamas, etc. Lors de la démonstration, l'instructeur pourra questionner les apprenants de façon à souligner les points importants de la démonstration. Souvent, aussi, il sera opportun d'illustrer la « mauvaise façon » d'exécuter un mouvement. À la fin, on pourra donner un résumé de la démonstration et, si désiré, demander à l'un des apprenants de faire à son tour la démonstration.

Enseignement modulaire médiatisé

Méthode d'enseignement individualisé dans laquelle les informations sont véhiculées au moyen de différents médias (texte, ruban, vidéo, diapositives, ruban magnétique). Généralement, un guide contenant des directives relatives aux activités à réaliser est remis à l'étudiant de même qu'un cahier d'exercices lui permettant de vérifier sa maîtrise du contenu présenté.

Enseignement par les pairs

Méthode d'enseignement dans laquelle le contenu d'un cours est véhiculé par des tuteurs choisis parmi les étudiants d'un groupe en raison de leur maîtrise du contenu et de leur capacité à communiquer ce contenu.

Enseignement programmé

Alors que, en auto-apprentissage assisté, l'enseignement est donné à partir d'un matériel déjà existant, il en va autrement en enseignement programmé. Dans ce cas, les zones d'information sont créées de toutes pièces par le concepteur. Nous décrivons ci-dessous deux formes classiques d'enseignement programmé: l'enseignement programmé ramifié et l'enseignement programmé linéaire.

Enseignement programmé ramifié

Méthode d'enseignement individualisé dans laquelle le contenu est véhiculé au moyen d'un texte spécialement conçu (livre brouillé). Généralement, le texte est divisé en chapitres et sections. Chacune des sections contient une zone d'information suivie d'une question à choix multiples. Parmi les réponses suggérées, l'une est bonne et les autres sont fausses mais plausibles. Le choix d'une réponse fausse renvoie à des commentaires appropriés, tandis que le choix de la bonne réponse dirige l'apprenant vers la zone d'information suivante dans le texte.

Enseignement programmé linéaire

Méthode d'enseignement individualisé dans laquelle le contenu est véhiculé au moyen d'un texte micrograndué. Ce texte est divisé en chapitres contenant des séquences d'items ou d'éléments. Les items ou éléments consistent en phrases à compléter suivies de la rétroaction appropriée (un ou quelques mots).

En enseignement linéaire, les zones d'information sont réduites au minimum et, en guise de question, l'apprenant doit compléter une phrase. La confirmation consiste dans le ou les mots qui devraient compléter la phrase. Ce ou ces mots se trouvent dans la clé de correction. L'enseignement programmé linéaire est basé sur les principes de la théorie de Skinner concernant le conditionnement opérant.

Exposé

Méthode d'enseignement dans laquelle un contenu est présenté sous forme d'exposé à un grand groupe d'apprenants. L'exposé constitue une bonne façon d'effectuer le survol d'un contenu avant que les apprenants ne s'adonnent à des études individuelles. S'il peut favoriser l'encodage des concepts d'une matière donnée, il ne favorise toutefois pas le rodage ou l'entraînement des schèmes mentaux acquis. Lorsqu'un tel rodage est nécessaire, le cours magistral a tout avantage à être suivi par des exercices, des jeux ou par l'utilisation d'autres méthodes qui incitent à la performance.

Information structurée *(information mapping)*

La présentation d'un contenu requiert des définitions, des énoncés, des exemples, des exercices, etc. Généralement, ces composantes ne sont pas identifiées en soi dans le matériel didactique que l'on propose à l'étudiant. Tel n'est pas le cas en information structurée où l'on a soin d'identifier chacune des composantes d'un contenu donné et d'en faire un « bloc particulier ». De cette façon, celui qui parcourt un tel texte peut plus facilement repérer ce qui lui convient. Cette façon de faire présente certains avantages lors de la révision et de la consultation ultérieures d'un tel texte par l'apprenant.

Il s'agit donc d'une méthode d'enseignement individualisé dans laquelle le contenu est véhiculé au moyen d'un texte spécialement conçu. Le texte est divisé en sections ou « maps » traitant chacune d'un point particulier du contenu. Chacune des « maps » est divisée en « blocs » — définition, énoncé, exemple, exercice à effectuer — qui facilitent l'acquisition d'un élément de contenu donné.

Jeux éducatifs

Méthode d'enseignement dans laquelle des activités d'apprentissage sont créées dans le cadre de jeux déjà existants ou inventés pour la circonstance. La compétition suscitée alors chez les joueurs rend plus agréables des activités d'apprentissage qui, autrement, auraient pu être ternes.

Jeux de rôles

Méthode d'enseignement qui consiste à simuler une situation dans laquelle des relations interpersonnelles ont lieu et à faire assumer aux apprenants, dans le cadre de cette situation, différents rôles en vue d'une rectification éventuelle.

Lectures dirigées

Méthode d'enseignement individualisé dans laquelle les informations sont présentées au moyen de textes spécialement choisis. L'interaction système d'enseignement – étudiant se réduit, dans ce cas, à la présentation d'information par le système. Typiquement, l'apprenant doit effectuer un certain nombre de lectures afin d'atteindre des objectifs préalablement établis. Ce système est généralement accompagné d'un guide qui suggère à l'apprenant les lectures et les exercices à faire.

Méthode des cas

Méthode d'enseignement qui consiste à proposer à un petit groupe (ou à un apprenant) un problème à résoudre dans un domaine de spécialisation donné et à guider le groupe (ou l'apprenant) dans la résolution de ce problème. Le but premier de la méthode des cas est d'inciter les apprenants à prendre part aux démarches de résolution de problèmes et de favoriser ainsi l'assimilation de ces démarches (on comprendra qu'il faille plusieurs exercices avant que l'individu adopte de telles démarches). Le rôle de l'instructeur consiste alors à diriger la discussion dans le sens de l'exécution des étapes de la résolution d'un problème.

Méthode des discussions

Méthode d'enseignement dans laquelle des apprenants sont amenés, sous la direction d'un animateur, à interagir les uns avec les autres en vue de partager leurs connaissances ou d'émettre leurs opinions sur un sujet donné. Mis à part la discussion classique (table ronde) qui regroupe de 5 à 12 participants, il existe d'autres formes de discussion dont le débat, le *buzz-group* et le forum.

Lors d'un débat, deux groupes d'un nombre restreint d'apprenants sont formés et ont à défendre des points de vue différents en présence des autres apprenants de la classe. À la fin du débat, l'animateur propose une synthèse.

Dans le *buzz-group*, les apprenants sont divisés en plusieurs sous-groupes et discutent d'un sujet donné pendant un temps limité. Les résultats de la discussion de chaque sous-groupe sont ensuite présentés à tout le groupe par chacun des secrétaires de sous-groupes pour discussion générale et synthèse.

Dans un forum, un certain nombre de conférenciers font un exposé sur un sujet donné. Les apprenants sont ensuite invités à questionner les conférenciers. Le tout est généralement suivi d'une synthèse.

Méthode des projets

Dans la méthode des cas, un problème est posé à un individu ou à un petit groupe en vue de la recherche d'une solution. Dans la méthode des projets, la solution envisagée pour résoudre le problème doit être, en plus, appliquée dans l'élaboration d'une œuvre quelconque.

Méthodes des protocoles

Méthode d'enseignement qui consiste à enregistrer la performance de l'apprenant lors de l'exécution d'une tâche et à analyser cette performance dans le but de la rectifier si nécessaire.

Programmation télévisuelle

Méthode d'enseignement individualisé dans laquelle les informations sont véhiculées au moyen de cassettes vidéo. Le système contient aussi un guide dans lequel figurent d'autres informations et un cahier d'exercices qui permet à l'apprenant de vérifier son atteinte des objectifs d'une leçon.

Simulations

Méthode d'enseignement qui consiste à mettre à la disposition de l'apprenant un modèle de phénomène physique, social, administratif ou autre, et à lui fournir la possibilité d'agir sur ce modèle et d'observer ainsi les conséquences des décisions qu'il a prises. Dans certains cas, on combinera les caractéristiques des simulations à celles des jeux (voir jeux éducatifs dans ce texte) pour susciter davantage l'intérêt de l'apprenant. On sera alors en présence de simulations-jeux.

Tournois

Méthode d'enseignement utilisée en vue de perfectionner la maîtrise des concepts ou des habiletés d'un contenu donné. Typiquement, le groupe est divisé en sous-groupes qui s'engagent dans des épreuves où les connaissances et les habiletés des participants sont mises à l'épreuve.

Tutorat

Méthode d'enseignement individualisé dans laquelle le contenu est véhiculé lors de l'interaction apprenant-tuteur. Dans sa forme classique, c'est le tuteur lui-même qui véhicule le contenu mais, dans la plupart des cas, les informations sont présentées au moyen de médias. Le rôle du tuteur consiste alors en la supervision des apprentissages de l'apprenant.

Annexe B _____

QUELQUES QUESTIONS IMPORTANTES À SE POSER LORS DE LA PRÉPARATION OU DE L'ANIMATION D'ACTIVITÉS DE FORMATION

Compétences à faire acquérir

Les compétences à faire acquérir dans cette activité de formation sont-elles du type production ou du type reproduction?

Ces compétences supposent-elles l'exécution d'opérations abstraites, motrices, verbales ou des combinaisons de ces types d'opérations?

A-t-on identifié, s'il y a lieu, les attitudes à faire acquérir dans cette activité de formation?

Structuration du contenu

L'apprenant qui participe à cette activité de formation en maîtrise-t-il les préalables (c'est-à-dire possède-t-il les schémas, les concepts, les propositions-clés, etc. qui l'aideront à acquérir les compétences visées)?

S'est-on interrogé sur un ordre possible de présentation des compétences à faire acquérir?

a) Un macro-schéma pourrait-il être utilisé pour favoriser l'ancrage de l'ensemble des compétences que l'on veut faire acquérir?

b) Des schémas pourraient-ils être utilisés pour faciliter l'encodage des compétences à faire acquérir?

c) Les compétences enseignées dans cette activité comportent-elles des concepts ou des propositions non vus préalablement dans l'activité?

Enseignement des compétences

A-t-on prévu des activités pour éveiller la motivation de l'apprenant?

a) L'apprenant sait-il à quoi lui servira l'apprentissage des compétences enseignées durant cette activité?

b) L'ampleur de la tâche d'apprentissage d'une compétence donnée est-elle trop grande ou insuffisante?

c) A-t-on prévu des activités pour que l'apprenant vive des émotions agréables pendant l'apprentissage?

A-t-on prévu des activités pour appuyer le montage d'une compétence donnée?

a) A-t-on prévu des activités pour favoriser l'encodage de la composante déclarative de cette compétence?

b) A-t-on prévu des activités pour favoriser l'encodage de la composante procédurale de cette compétence?

A-t-on prévu des activités pour appuyer le rodage d'une compétence donnée?

Achevé d'imprimer
en septembre 1990 sur les presses
des Impressions G.S.M. Inc.
Québec